AS OITO DÁDIVAS ETERNAS DA VIDA

Paulo Carvalho

As Oito Dádivas Eternas da Vida

EDITORA PENSAMENTO
São Paulo

Copyright © 2008 Paulo Carvalho.

Todos os direitos reservados. Nenhuma parte deste livro pode ser reproduzida ou usada de qualquer forma ou por qualquer meio, eletrônico ou mecânico, inclusive fotocópias, gravações ou sistema de armazenamento em banco de dados, sem permissão por escrito, exceto nos casos de trechos curtos citados em resenhas críticas ou artigos de revistas.

Dados Internacionais de Catalogação na Publicação (CIP)
(Câmara Brasileira do Livro, SP, Brasil)

Carvalho, Paulo
   As oito dádivas eternas da vida / Paulo Carvalho. — São Paulo: Pensamento, 2008.

   ISBN 978-85-315-1534-7

   1. Auto-avaliação 2. Conduta de vida 3. Conhecimento 4. Desenvolvimento pessoal 5. Relações interpessoais 6. Sucesso I. Título

08-01988   CDD-158.1

Índices para catálogo sistemático:
1. Desenvolvimento pessoal : Psicologia   158.1

O primeiro número à esquerda indica a edição, ou reedição, desta obra. A primeira dezena à direita indica o ano em que esta edição, ou reedição, foi publicada.

Edição   Ano
1-2-3-4-5-6-7-8-9   08-09-10-11-12-13-14-15

Direitos de tradução para o Brasil
adquiridos com exclusividade pela
EDITORA PENSAMENTO-CULTRIX LTDA.
Rua Dr. Mário Vicente, 368 — 04270-000 — São Paulo, SP
Fone: 2066-9000 — Fax: 2066-9008
E-mail: pensamento@cultrix.com.br
http://www.pensamento-cultrix.com.br
que se reserva a propriedade literária desta tradução.

SUMÁRIO

Dedicatória 9
Introdução 11
Nota 17

A DÁDIVA DA ESCOLHA 21
    O princípio da abundância... 24
    A cegueira seletiva.. 27
    Veja para além dos problemas.................................... 28
    Seja incondicionalmente construtivo 30
    O perigo do "se"... 33
    Todos os segundos da sua vida são uma escolha 34

A DÁDIVA DO PRAZER 39
    A natureza do prazer... 40
    A estrada do prazer... 41
    Prazer não equivale a felicidade 44
    A necessidade de ter prazer 46
    O poder do prazer... 47
    Saiba dominar o prazer para triunfar sobre a dor 48

Descubra para o que você nasceu e
do que você gosta 50
Não desista de ser quem você é em troca do amor
de outras pessoas... 53
Jogue fora a sua máscara e o seu uniforme............... 55

A DÁDIVA DE DAR 61
Não obtemos o que desejamos,
mas o que damos... 64
Assim que der algo a alguém, você já terá recebido.... 66
Dê primeiro... 67
Dê sem esperar receber... 68
Se damos esperando receber, então nos arriscamos
a dar demais e a ser enganados............................ 69
Perdoe.. 70

A DÁDIVA DO AQUI E AGORA................................... 75
Agarre-se a "pérolas", não a "carvões" 80
Conte as suas alegrias 86
Agarre o dia de hoje 89
Não lamente coisa alguma 91
Não se preocupe e aceite o inevitável 92
Não se compare com os outros 93
Respeite o fluir da vida... 95
Incerteza: o alicerce da vida 99

A DÁDIVA DO AMOR 105
A natureza do amor 109
O poder do fluir 110
Os perigos do amor sem fluir 111

    Amor condicional e incondicional............................ 112
    As ilusões do amor.. 113
    O amor em si não é suficiente para sustentar um
        relacionamento.. 115
    Seja cruel para ser bom 119
    Desenvolva a independência para cultivar o amor...... 120

A DÁDIVA DA MORTE.. 125

A DÁDIVA DA DOR... 135
    As sirenes da dor.. 137
    O mestre silencioso 138
    A dor nunca é o problema... 141
    Dor física e dor emocional 143
    Dor inevitável 145
    Compreender o fracasso... 146
    Ajude os outros a aprender com o fracasso 150
    Os olhos da dor 151
    As cicatrizes da dor 155

A DÁDIVA DA COMPREENSÃO................................. 161
    Evite julgar os outros 163
    Compreender a vida... 165
    Criar o sentido da vida 167
    Compreender os outros.. 171
    A beleza dentro do monstro...................................... 173

CONCLUSÃO 179

DEDICATÓRIA

Eu não teria conseguido escrever este livro sem a ajuda de três pessoas muito especiais. Em primeiro lugar, Nathan Dooley que, de coração e alma, ajudou a transformar um manuscrito complicado num texto legível. Este livro também é seu, Nathan. Em segundo lugar, Robert Basso, cujas primeiras palavras, quando o conheci, "meu amigo, eu o ajudarei de todas as maneiras que puder", ilustram bem o tipo de pessoa que ele é. Em último lugar, Ilene Atkins, que corrigiu brilhantemente a versão inglesa do livro, apesar de ter tido, na ocasião, um grave problema de coluna.

Dedico este livro igualmente aos meus pais, a Helena Johansson e a Monika Domaszewicz, que, com amor incondicional, me ensinaram a acreditar em mim mesmo e a amar os outros. Também o dedico a todos os meus amigos por me estimarem apesar das minhas muitas imperfeições.

Por último, quero agradecer às seguintes pessoas: a meus amigos Pedro Esteves e Natércia de Basto que traduziram a obra do inglês para o português e ajudaram a revê-la; à minha amiga Candinha e a Maria Odete que, gentilmente, fizeram a última revisão, a Andrea Martins que traduziu a proposta da obra do inglês para o português.

INTRODUÇÃO

"Nosso maior medo não é sermos inadequados: é sermos poderosos sem limites. É a nossa luz, não a nossa escuridão, que mais nos assusta. Nós nos perguntamos: quem sou eu para ser brilhante, belo, talentoso e fabuloso? De fato, quem é você para não ser tudo isso? Você é um filho do universo. Ficar quietinho no seu canto não contribui em nada para o mundo. Não há nada de nobre em nos reprimirmos para que as outras pessoas não se sintam inseguras. Nascemos para manifestar a glória de Deus que está dentro de nós: não está apenas dentro de alguns de nós; está em todos nós. À medida que permitimos que a nossa luz irradie, inconscientemente permitimos às pessoas à nossa volta que façam o mesmo. Quando nos libertamos dos nossos medos, nossa presença, automaticamente, liberta outros como nós."

Marianne Williamson

Enquanto a satisfação pessoal vale por si mesma, todos os outros objetivos da nossa vida têm valor porque acreditamos que eles nos farão sentir satisfeitos. A satisfação pessoal é, portanto, o objetivo último da vida humana.

Alcançar a satisfação pessoal, porém, pode ser uma tarefa difícil. Uma pessoa pode ter saúde, dinheiro, êxito e poder e, mesmo assim, sentir-se incompleta; enquanto outra pessoa pode ser pobre e estar doente e sentir-se satisfeita.

Isso acontece porque *a satisfação pessoal não pode ser perseguida, ela deve surgir como um efeito secundário de como pensamos e sentimos o mundo à nossa volta.* A falta de saúde e a pobreza garantem um estado de depressão, mas uma saúde perfeita, riqueza e segurança nunca garantem satisfação pessoal. Além do mais, o êxito e a riqueza são muitas vezes alcançados à custa da tranqüilidade e da paz de espírito.

"A busca da felicidade
é uma das principais causas da infelicidade."

Eric Hofer

INTRODUÇÃO

Afinal de contas, o que significa satisfação pessoal?

Satisfação pessoal significa sentirmo-nos bem com aquilo que temos e com o que somos. Ela corresponde a um estado de gratidão, no qual nos damos conta de que, mesmo que não tenhamos tudo o que desejaríamos, já temos o suficiente para sermos felizes.

A satisfação pessoal resulta de sabermos que a verdadeira felicidade não vem do que possuímos ou alcançamos, mas da simples tomada de consciência de quanta sorte já temos em poder participar da incrível aventura da vida.

A satisfação pessoal não pode ser alcançada sem harmonia. Do mesmo modo que um furacão precisa de um centro calmo e bem equilibrado, nós também precisamos ter paz interior para nos sentirmos satisfeitos e felizes. Para alcançar a verdadeira paz interior, devemos primeiro alcançar tranqüilidade e segurança interior, não exterior. De outro modo, a nossa satisfação será sempre vazia e sem força.

Como podemos alcançar a satisfação e a harmonia interior?

A maneira de se conseguir isso é precisamente o tema deste livro.

Para atingir esse objetivo, seremos apresentados a oito forças permanentes e universais que possuímos desde o dia em que nascemos: **as oito dádivas eternas da vida.**

Essas oito dádivas não são segredos escondidos que devemos desvendar com muito esforço; são realidades do dia-a-dia da nossa vida. Embora essas realidades nos sejam tão familiares, nossa insatisfação com as coisas resulta precisamente da nossa incapacidade de usar seu enorme poder.

Uma vez que compreendamos essas oito forças simples e imutáveis, também nos sentiremos mais calmos e equilibrados. Então, como o olho tranqüilo do furacão, a nossa harmonia interior funcionará como um ponto firme a partir do qual nossa satisfação e felicidade crescerão e se desenvolverão.

"As vitórias privadas precedem as vitórias públicas."

S. R. COVEY

Este livro não é um livro de verdades absolutas, princípios ou regras; é um livro de simples sugestões e pensamentos. Não existe nenhuma maneira "correta" ou "melhor" de se viver. O que pode tornar uma pessoa extraordinariamente feliz pode tornar outra pessoa profundamente infeliz. Portanto, olhe para ele como uma obra inacabada, uma obra que permanecerá incompleta até que você a termine com as suas próprias idéias e ações.

INTRODUÇÃO

Este livro não pode ensiná-lo a ser feliz, mas pode ajudá-lo a ensinar-se a si mesmo.

"Acredite naqueles que buscam a verdade;
duvide daqueles que já a encontraram."

ANDRÉ GIDE

Não tema o desafio à sua frente. Não será necessário nenhum esforço ou habilidade para tirar o máximo proveito deste livro. Tudo o que você terá de fazer é aprender a apreciar aquilo que já tem. Esforço e determinação desempenharão um papel apenas secundário.

Mesmo que lhe pareça difícil viver de acordo com os ideais propostos por este livro, não desanime. Os ideais propostos são apenas indicações para guiá-lo, não regras ou objetivos que você tem de alcançar. Apesar de ter escrito este livro, eu mesmo me pego muitas vezes não praticando o que escrevi. A mudança real de comportamento é um processo lento e gradual para todos.

Finalmente, embora eu possa induzir em erro, o tamanho modesto deste livro foi uma escolha intencional. Ele é conciso para que seja fácil de ler, compreender e consultar, mas, se você desempenhar seu papel, ele o ajudará a tirar mais proveito da grande aventura da vida. Como disse Helen Keller: "Ou a vida é uma ousada aventura ou não é nada."

É hora de abandonar sua antiga vida de esforços dissipados e apreensão e construir uma nova vida baseada na satisfação pessoal e na harmonia. É hora de tomar posse das oito dádivas eternas da sua vida: *a Dádiva da Escolha, a Dádiva do Prazer, a Dádiva de Dar, a Dádiva do Aqui e Agora, a Dádiva do Amor, a Dádiva da Morte, a Dádiva da Dor e a Dádiva da Compreensão*. Abrace a força que essas dádivas têm para lhe oferecer e essa mágica será sua para sempre.

NOTA

A sua jornada rumo à satisfação pessoal e à harmonia provavelmente envolverá uma fase inicial de mais confusão e caos do que anteriormente. Isso acontece *porque a mudança da nossa maneira de pensar e sentir requer a modificação da nossa própria personalidade.*

"A mudança nunca é feita sem inconvenientes,
mesmo de pior para melhor."

Robert Hege

Este livro foi escrito para ajudá-lo a descobrir uma vida com mais satisfação e harmonia, não para agradá-lo ou fazê-lo se sentir confortável consigo mesmo. De fato, o processo muitas vezes o arrancará da sua zona de conforto e exporá fatos dolorosos que preferiria ignorar. Seus sentimentos serão ocasionalmente postos à prova e a sua sinceridade, decência e auto-estima serão questionadas. Sua caminhada não será sempre fácil, por isso não esteja à espera de uma jornada sem preocupações.

Mesmo que você já pratique muitos dos conceitos contidos neste livro, *não espere concordar com tudo o que ler – isso não acontecerá*, o que não é necessariamente negativo. A discordância é, freqüentemente, um instrumento melhor para melhorarmos do que a concordância.

Às vezes, será mais fácil rejeitar o que diz este livro do que ter de lidar consigo mesmo. Por isso, se for tentado a deixar esta leitura de lado por esse motivo, lute contra essa tentação. O que ler pode magoá-lo, mas também vai ajudá-lo. Infelizmente, os bons medicamentos nem sempre têm um sabor agradável.

Como a mudança ameaça sua auto-estima, seu cérebro desestimula qualquer tentativa de mudança; ele interpreta novos comportamentos como errados. Embora esse sistema mental o proteja, ele também o prende dentro da sua zona de conforto e o impede de crescer. *Não se deixe enganar: a melhora nem sempre é confortável. Só porque algo o faz se sentir estranho não quer dizer que esteja errado.*

Para ter satisfação pessoal e harmonia, você não precisa se comportar como um yogue ou um monge budista. *Só porque você anda e fala devagar, isso não quer dizer que esteja em harmonia; só porque é hiperativo e vive agitado, isso não significa que esteja em desarmonia.* A harmonia é algo que vem de dentro, por isso, não deixe que os comentários cegos dos outros o perturbem.

O propósito deste livro não é convencê-lo ou ensiná-lo, mas sim desafiá-lo com idéias e questões de modo a levá-lo a repensar sua vida. *Algumas das idéias expostas aqui serão apre-*

NOTA

sentadas como regras somente porque apresentá-las assim faz com que seja mais fácil explicá-las. Porém, elas não são regras, são apenas simples pensamentos e sugestões.

A melhora efetiva não virá como conseqüência do seu conhecimento ou da sua disciplina. *Antes de mais nada, a melhora é uma conseqüência de se ter cometido o mesmo erro tantas vezes que, finalmente, se chega à conclusão de que não apenas se quer mudar, mas que se tem de mudar.* Por isso, não espere que este livro o modifique – ele não fará isso. Se quiser mudar, você terá de fazer isso sozinho.

A mensagem global contida nas oito dádivas da vida é bastante superior à soma das mensagens contidas em cada uma das dádivas individuais. *Cada dádiva, considerada individualmente, estará incompleta se não for considerada em conexão com todas as outras.* Cada capítulo só termina realmente no final do livro.

Finalmente, note que, embora a língua portuguesa tenha dois gêneros – masculino e feminino –, adotei apenas formas masculinas para simplificar a linguagem. Tudo o que está escrito, porém, aplica-se evidentemente às mulheres assim como aos homens.

Você tem uma caminhada excitante e desafiadora pela frente. Boa viagem.

A DÁDIVA DA ESCOLHA

"As pessoas muitas vezes acham mais fácil serem
um resultado do passado do que uma causa do futuro."

AUTOR DESCONHECIDO

Alguma vez você se sentiu encurralado pelos eventos trágicos da sua vida? Alguma vez se sentiu impotente ou vitimizado pelas circunstâncias? Já sentiu alguma vez que os seus problemas não desapareceriam, fizesse o que fizesse?

Embora, às vezes, a vida seja cruel, a maneira como nos sentimos não nos é imposta pelas circunstâncias: é uma escolha que fazemos. Não importa qual seja a nossa situação, temos sempre ao nosso dispor um dos milagres mais fascinantes do universo: o livre-arbítrio. Temos também a liberdade de escolher a maneira como reagimos às coisas, mesmo se tudo o que podemos fazer é escolher nossos pensamentos.

Este capítulo revela a riqueza colossal de alternativas que possuímos na vida e demonstra por que, muitas vezes, não conseguimos vê-la. Ele explica como podemos evitar o vitimismo e esclarece o que devemos fazer para passar a controlar a nossa vida.

Eram sete da manhã e um novo dia frio de outono começava na pequena cidade canadense de Mississaga. Mas não para James Dubec. Para ele, estava quase na hora de ir para a cama. Tinha trabalhado a noite toda como supervisor de um armazém de mercadorias e estava cansado. A exaustão que sentia nessa manhã, porém, era de algum modo diferente.

James, com 28 anos, trabalhara arduamente para merecer o lugar como supervisor. Tinham sido necessários cinco anos, mas ele gostava dos colegas e estava razoavelmente feliz com a sua vida.

Ao ir de carro para casa, James sentia outro inverno gelado se aproximando. Ele passava pela mesma rotina todos os anos – frio, vento e neve. Era-lhe tudo muito familiar. De fato, nessa manhã, deu-se conta de que quase tudo na sua vida tornara-se familiar demais para ele. Estava farto da existência simples e segura, e, pela primeira vez na vida, deu-se conta de que estaria farto dela para sempre. Estava num beco sem saída, encurralado. Isso era tudo o que a vida sempre seria para ele? Onde estavam a aventura, a excitação, os desafios? Onde estavam todas as surpresas e o mistério? Ele sabia que algo teria de mudar. Mas como?

James não tinha diploma universitário. Mesmo se vendesse tudo o que possuía, não conseguiria juntar muito dinheiro. Sabia que não conseguiria mudar muita coisa com tão pouco.

James sempre fora um sonhador. Por isso, mais uma vez se atrevia a sonhar. Iria morar em Portugal e trabalhar como agente de imagens digitais. Quanto mais pensava na idéia, mais gostava dela. Contou o plano aos amigos.

— Por que agente de imagens digitais? Você não sabe vender imagens! Nunca vendeu nada em toda a sua vida! – respondiam-lhe os amigos, surpresos. – Por que Portugal? Você nem sabe se lá falam inglês!

Embora estivesse entusiasmado com a sua decisão, James só arranjou coragem para contar os planos à mãe alguns dias antes de viajar, depois de ter comprado a passagem aérea. Sentia-se triste por partir, mas sabia que, se ficasse, também se arrependeria.

Foi para Portugal, mas as coisas foram mais difíceis do que previra. Depois de um ano de trabalho árduo, estava falido; o negócio não deslanchava e conseguir algo para comer nem sempre era coisa fácil.

Mas James era muito orgulhoso e ignorante para se dar conta de que a sua situação estava cada vez pior. Seria um agente de imagens digitais! Seria mesmo?

James não se tornou um agente de imagens digitais, mas também não voltou para o Canadá. Ficou em Portugal. Hoje ele é um dos sócios de uma das maiores agências de modelos infantis de Portugal; tem uma pequena agência de modelos para adultos e uma empresa de assistência de produções em vídeo e cinema. James é, sem dúvida alguma, um jovem empresário bem-sucedido e está muito contente com a sua vida. Já não se encontra num beco sem saída. Sua vida está cheia de aventura, desafios e entusiasmo – às vezes até demais.

Quando James se põe a refletir sobre a sua vida, sorri porque está orgulhoso do que conseguiu. Contudo, essa não é a única razão por que sorri. A felicidade de James vem do que ele aprendeu por causa das dificuldades que passou; desde que tenha a coragem de experimentar coisas novas, ele sabe que nunca mais se sentirá preso.

1. O princípio da abundância

"A pessoa mais forte não é sempre aquela que persiste;
às vezes, a pessoa mais forte é a que desiste."

JOSEPH MACEDO

Muitas pessoas acreditam que suas decisões são fruto das suas alternativas limitadas na vida.

Contudo, reflita um minuto sobre algumas coisas. Até que ponto suas alternativas são mesmo limitadas? Qual é mesmo a importância da lógica? James foi lógico? Os pais dele disseram-lhe que era louco; os amigos tinham certeza de que ele regressaria ao Canadá em menos de três meses.

Não importa qual seja nossa situação, temos sempre um número ilimitado de alternativas na vida. Permita-me ilustrar essa idéia.

Um homem, carregando uma pasta velha, passeia por um beco escuro, à noite. De repente, três ladrões armados saem de trás de uma caçamba de lixo e ameaçam matá-lo, caso ele não entregue a pasta.

Ele, porém, não pode entregar a pasta. Trabalha como "correio" de um grupo de criminosos e tem uma pequena fortuna guardada ali. Se entregar a pasta aos ladrões, será certamente morto pelo grupo para o qual trabalha; se não entregar, os três ladrões dão cabo dele. Está paralisado. O que deve fazer?

O que você faria no lugar desse pobre homem? Entregaria a pasta aos ladrões?

Será que esse homem tem mesmo uma escolha em tal situação? Claro que sim! Ele tem inúmeras alternativas. Pode tentar fugir; pode dizer aos ladrões que se calem; pode dizer aos ladrões que ele é um policial à paisana; pode fazer de conta que só fala francês; pode começar a gritar por socorro; pode fazer de conta que estava à espera deles; pode chorar; pode rir; pode dizer-lhes "podem levar a minha pasta, mas não podem levar a minha carteira"; pode dizer-lhes a verdade; pode implorar que o deixem em paz; pode agradecer-lhes; pode tentar lutar contra eles; pode responder-lhes "não me chateiem, a minha mulher acaba de falecer"; pode entregar a pasta ou pode fazer um sem-número de outras coisas.

Podemos dizer muitas coisas acerca desse homem, mas não podemos dizer que ele não tem alternativas.

Muitas pessoas acreditarão que ele realmente não tem escolha. A verdade é que ele tem uma escolha a fazer, escolha essa que poderá matá-lo ou salvá-lo.

Nós temos sempre inúmeras escolhas, mesmo quando nossas alternativas não são tão claras. Contudo, a maioria de nós não tem consciência disso. É por isso que, muitas vezes, quando encontramos uma porta trancada na nossa vida, continuamos a empurrar essa porta como se fosse a única no mundo que vai para onde queremos ir.

Porém, será o nosso único objetivo destrancar a porta? Ou é nosso objetivo chegar ao outro lado? Se for esse o caso, então devemos largar a porta e dar uns passos para trás. Uma coisa extraordinária acontecerá: de repente veremos que há outras passagens para onde queremos ir. Quanto mais nos afastarmos da porta trancada, mais passagens encontraremos, e tanto mais óbvio será o quanto fomos idiotas empurrando com tanta força a porta trancada e persistindo tanto.

Que portas abertas você não vê?

Não existe apenas um emprego, um parceiro, uma cidade, um amigo ou um negócio que possa fazer você feliz. Existem muitos, mesmo se inicialmente eles não forem todos facilmente visíveis.

Empurrar portas trancadas é normalmente uma idiotice porque existem muitas portas abertas que vão dar onde queremos ir. Persistência e trabalho duro não são as únicas estradas que podem nos trazer a felicidade. Seja o que for que queiramos da vida, há sempre inúmeras maneiras de consegui-lo.

2. A cegueira seletiva

"A coragem não é a ausência do medo, mas sim a percepção de que existe algo mais importante do que o medo."

Ambrose Redmoon

Se não temos apenas uma alternativa, mas centenas, por que razão é tão difícil nos dar conta delas?

O verdadeiro problema nunca é a nossa falta de escolhas — é a nossa falta de coragem. Preferimos acreditar que não temos escolhas para não sermos obrigados a ver a responsabilidade que temos pela nossa situação e pela nossa falta de iniciativa. Assim, pouco a pouco nos convencemos de que realmente não temos nenhuma alternativa. Pouco a pouco, vamos ficando seletivamente cegos para não termos de nos responsabilizar pela nossa vida.

Como poderíamos nos separar da nossa esposa ou do nosso marido? Como poderíamos começar uma nova carreira? Ou deixar a cidade onde crescemos? Ou desiludir nossos pais ou amigos?

A verdade é que temos todas as alternativas do mundo. Se estivermos presos no trânsito, e ainda por cima atrasados para um compromisso, podemos optar por ouvir calmamente a música tocando no rádio e relaxar. Se alguém tenta nos incomodar, *podemos optar por* ignorar essa pessoa e ficar calmos. Mesmo que um objetivo pareça impossível, temos a escolha de tentar alcançá-lo.

O que fazemos ou não fazemos depende apenas de nós mesmos.

"A liberdade consiste na vontade de sermos responsáveis por nós mesmos."

AMBROSE REDMOON

3. VEJA PARA ALÉM DOS PROBLEMAS

"A vida é como a água.
A vaca bebe água e faz leite.
A cobra bebe água e faz veneno."

GRANDE MESTRE WONIK YI

Para o universo a única coisa que existe são fatos. Doenças, acidentes e até a própria morte não têm nenhum significado intrínseco. Portanto, o modo como interpretamos o mundo e a vida depende muito mais de nós do que das circunstâncias.

Uma doença pode ser transformada numa oportunidade de reconciliação e paz. Um conflito pode trazer consigo uma oportunidade para melhorarmos e aprendermos alguma coisa. O racismo pode criar nas suas vítimas a motivação suficiente para que elas ultrapassem todos os obstáculos e vençam na vida. O ódio pode nos ajudar a crescer interiormente e nos ajudar a ser mais tolerantes.

É claro que muitas vezes será extremamente difícil vermos para além das nossas necessidades imediatas e da nossa perda. A verdade é que as oportunidades e dificuldades que encontramos na vida são, em grande parte, fruto da nossa própria criação.

Como você pode transformar as suas dificuldades em oportunidades?

Se tudo é simultaneamente bom e mau, por que é tão fácil ver problemas e tão difícil reconhecer as oportunidades e os benefícios das situações?

A razão é simples: a crença de que estamos rodeados por problemas permite-nos acreditar que nossa insatisfação é causada apenas por fatores exteriores. Se virmos as oportunidades, nossa responsabilidade e nossa culpa em potencial aumentam.

Podemos interpretar tudo o que acontece em nossa vida – desde perdermos um emprego até contrairmos uma doença fatal – como um problema ou uma oportunidade, como um obstáculo ou um degrau para um patamar mais alto. A escolha é inteiramente nossa.

> "Nossa mente por si só pode transformar o inferno num paraíso ou o paraíso num inferno."
>
> JOHN MILTON

4. SEJA INCONDICIONALMENTE CONSTRUTIVO

> "Trate as pessoas como se elas já fossem o que deveriam ser e você as ajudará a se tornarem o que elas podem ser."
>
> JOHANN WOLFGANG VON GOETHE

Outra escolha que podemos fazer consiste em sermos corretos com todos, mesmo que forem hostis conosco.

"Mas não dá!", diz a vítima crônica. "Os outros vão abusar de mim se eu não defender meus direitos." Seja como for, não importa quais sejam as circunstâncias, retrucar é sempre uma escolha – muitas vezes uma escolha idiota –, nunca uma necessidade.

Pedro e Susana estão casados há cinco anos. Embora Pedro seja uma boa pessoa, para ele é muito difícil controlar os acessos de raiva e seu comportamento. Em conseqüência disso, às vezes ele é agressivo e indelicado com Susana. Como Pedro tem um espírito muito liberal, às vezes gosta de sair com ex-namoradas. Susana detesta que ele faça isso, mas Pedro justifica-se dizendo que são apenas amigas.

Por causa dessas situações e de outras semelhantes, Pedro e Susana têm muitas discussões acaloradas. Susana já se sentiu fisicamente ameaçada por ele em duas ocasiões.

Devido a essas dificuldades, muitas vezes Susana é um pouco agressiva com Pedro, embora não queira ser. Mas o que ela pode fazer? Deveria deixar que ele abusasse dela? É lamentável que ela tenha de ser dura com ele, mas, de outro modo, o casamento logo acabaria.

A pobre Susana encontra-se, de fato, numa situação difícil, e está prestes a tomar uma decisão infeliz. Ela pode agir de muitas outras maneiras, uma das quais consiste em ser incondicionalmente construtiva.

Susana *pode* decidir ser bem-educada e carinhosa com ele, mesmo que ele não o seja com ela. *Pode* decidir não gritar com ele e não se zangar, mesmo que ele se zangue com ela. *Pode* tentar compreendê-lo melhor, mesmo que ele não queira compreendê-la. Pode tomar todas essas decisões e mesmo assim estar numa posição de vantagem, porque, como todo ser humano, *ela sempre tem a possibilidade de deixá-lo.*

Você está sendo incondicionalmente construtivo?

Susana pode, calma e humildemente, explicar a Pedro como se sente e o que espera da relação deles. Se isso não o fizer mudar de comportamento e atitude, então ela poderá se separar dele e ir procurar o que deseja em outra pessoa.

Susana não é obrigada a brigar com Pedro se ele não estiver disposto a ser justo e decente com ela. Pode deixá-lo. Há milhões de outros homens no mundo que podem fazê-la feliz.

Então por que Susana não deixa Pedro? Por que continua tentando mudá-lo? Por que não se dá conta de que o preço que ela está pagando é muito alto?

Susana continua agarrada a Pedro porque não faz idéia da verdadeira abundância de escolhas que tem à sua disposição. Por isso, continua empurrando teimosamente a única porta que ela consegue ver – a porta que consiste em brigar com Pedro para tentar modificá-lo. Continua agarrada a ele porque é *ela* que tem um problema, não Pedro. Continua a agarrar-se a ele porque é seletivamente cega.

Pedro é apenas ele mesmo. A verdadeira dificuldade é que Susana quer que Pedro seja algo que ele não é. Ela tem um cão e quer um gato, por assim dizer. Por isso tenta fazê-lo se comportar como um gato. Não admira que tenha de se esforçar tanto.

No final das contas, Pedro não é o verdadeiro problema de Susana. O verdadeiro problema de Susana é ela mesma, porque não está disposta a deixá-lo.

"Todos pensam em mudar o mundo,
mas ninguém pensa em mudar a si mesmo."
TOLSTOI

5. O PERIGO DO "SE"

É compreensível que seja difícil para Susana deixar Pedro. Eles estão juntos há muito tempo. Se ele pelo menos mudasse um pouco, se ela pelo menos conseguisse modificá-lo um pouco...

Embora "se" seja uma palavra tão pequena, é possivelmente uma das mais perigosas e destrutivas que existem na língua portuguesa. Ela pode parecer uma palavra inofensiva, mas já vitimou milhões de vidas.

Nem tudo pode ser mudado; nem tudo deve ser mudado. Criar fantasias acerca de como seriam as coisas se elas fossem diferentes é muitas vezes apenas uma maneira de evitar os fatos, uma forma de evitar decisões difíceis.

Às vezes, temos de eliminar a palavra "se" do nosso vocabulário e lidar com os fatos, sejam eles quais forem. A verdade pode muitas vezes ser cruel, mas, depois que a aceitamos, ficamos livres para tomar decisões mais acertadas.

6. Todos os segundos da sua vida são uma escolha

"O que decidimos fazer hoje é importante porque trocamos um dia da nossa vida por isso."

Autor desconhecido

Cada segundo da nossa vida contém uma escolha. Nada do que fazemos ou deixamos de fazer nos é imposto. Quando vamos para o trabalho, fazemos uma escolha. Quando obedecemos à lei, estamos fazendo uma escolha. Quando não dizemos a verdade, essa é nossa escolha e apenas nossa escolha. Quando resistimos à mudança, isso também é uma escolha nossa.

A DÁDIVA DA ESCOLHA

O que somos e o que temos atualmente é a conseqüência de bilhões de escolhas cumulativas que fizemos desde o dia em que nascemos. Somos verdadeira e totalmente livres. Neste preciso momento, podemos decidir mudar de país; podemos decidir mudar de emprego; podemos decidir nunca mais brigar ou discutir; ou podemos decidir mudar nossa vida. A única coisa que não podemos deixar de fazer é morrer. Todo o resto são escolhas, mesmo que elas não sejam sempre óbvias.

Porém, cada escolha que fazemos tem um preço. O preço consiste em termos de abrir mão de todas as outras alternativas em favor daquela que escolhemos. Sempre que decidimos fazer algo estamos, implicitamente, rejeitando uma infinidade de outras possibilidades, mesmo que sejam invisíveis à primeira vista. É impossível não escolhermos; mesmo quando não fazemos nada, escolhemos não fazer nada.

É importante nos conscientizarmos do preço das escolhas que fazemos. Isso nos permitirá fazer escolhas mais acertadas e, assim, melhorarmos a qualidade da nossa vida.

"O custo de uma coisa é a quantidade daquilo a que eu chamo de vida que temos de trocar por essa coisa, imediatamente ou no futuro."

Henry David Thoreau

DICAS

1. **A consciência de todas as suas escolhas vai permitir que você faça escolhas melhores, mas também tornará suas decisões mais difíceis.**
   É fácil decidir quando vemos apenas uma possibilidade; é difícil decidir quando vemos um milhão. Por isso, não se surpreenda se, inicialmente, você se sentir mais confuso e inseguro do que antes. Esse é o preço que você terá de pagar por fazer escolhas mais conscientes.

2. **Antes de decidir ser incondicionalmente construtivo, prepare-se para pagar o preço dessa decisão.**
   A decisão de ser incondicionalmente construtivo impedirá que você se torne marionete de outras pessoas, mas requer muita autoconfiança, caráter e coragem. Se for incondicionalmente construtivo, algumas pessoas o atacarão mais do que a outros, porque o fato de você não reagir será, às vezes, interpretado como fraqueza, e atacar alguém que não reage é mais seguro. Por isso, você deve estar prepa-

rado para ser incondicionalmente construtivo; caso contrário sua decisão poderá lhe causar frustração e dor em vez de mais paz interior.

PERGUNTAS E EXERCÍCIOS

1. Torne-se consciente de todas as escolhas que você faz na vida. Neste preciso momento, você tem a escolha de procurar um novo emprego, mudar de cidade, começar um novo negócio ou encontrar um novo parceiro. Você está realmente tirando proveito da sua colossal liberdade ou está desperdiçando cegamente a sua vida?

2. Sempre que você escolhe alguma coisa, simultaneamente rejeita todas as outras escolhas que poderia ter feito se não escolhesse o que escolheu. Esse é o preço da sua escolha. Qual é o preço das escolhas que você tem feito? Serão elas de fato melhores do que as escolhas alternativas que tem à sua disposição ou você está sendo seletivamente cego?

3. Muitas vezes culpamos os outros para não ter de culpar a nós mesmos. Quem você tem culpado por seus insucessos, problemas e dificuldades? Pare de culpar os outros. *Você* é responsável por si mesmo, não os outros.

4. Você é incondicionalmente construtivo na sua vida diária? Por que não? Se acha que alguém não merece sua companhia, por que não se afasta dessa pessoa?

5. Que portas trancadas você tem empurrado teimosamente e que portas abertas tem ignorado? Você está pagando realmente o pre-

ço certo pelo seu relacionamento amoroso, seu emprego, seus amigos, seu êxito e seus objetivos?

6. Que decisões importantes você tem adiado ou evitado por causa da sua preguiça e falta de coragem? Você está consciente do enorme preço que vai pagar, ao longo da vida, se continuar a adiar decisões importantes? Tome, agora mesmo, uma decisão que tenha adiado por muito tempo.

7. Quais são os maiores problemas que você está enfrentando neste momento? Que oportunidades eles contêm? Tire proveito da perspectiva alterada que os seus problemas lhe dão para detectar oportunidades que normalmente lhe escapariam. Pergunte a si mesmo: "O que o meu problema me permite ver que, sem ele, eu não veria?"

CONCLUSÃO

Por causa da maneira como vivemos e como pensamos, muitos de nós vivem com a impressão de que não têm muitas alternativas na vida. Esse não é o caso. Embora não possamos escolher as cartas que a vida nos dá, somos completamente livres quanto à maneira como usamos as cartas que temos.

O que somos hoje é o resultado de todas as decisões que tomamos até hoje. Por isso, é importante ter consciência das decisões que tomamos, senão, em vez de sermos os criadores da nossa vida, seremos as suas vítimas.

Nossa vida pode ser cheia de aventura e entusiasmo ou pode ser enfadonha e tediosa. A Dádiva da Escolha é sua. Escolha bem.

A DÁDIVA DO PRAZER

"A pessoa que descobriu o que ama descobriu um grande tesouro."

Autor desconhecido

O prazer torna a vida agradável e interessante. Para nos beneficiarmos dele, temos primeiro de compreender bem a natureza dessa poderosa fonte de energia. Caso contrário, o que no início é prazeroso, pode inevitavelmente acabar em dor.

* * *

Antônio, aos 26 anos, era um exemplo de sucesso. Trabalhava numa das mais prestigiadas firmas de advocacia do país, tinha dinheiro e estava casado com uma jovem carinhosa, que o amava. Era admirado pelos amigos, que eram muitos, e a família tinha muito orgulho dele.

Mas Antônio tinha um segredo: não era feliz. Gostava dos colegas e do patrão, mas estava cansado de ser advogado. Sentia, porém, que não podia largar a carreira – mal a tinha começado! O que seria de todo o tempo e esforço que dedicara a ela?

O que pensariam os pais e o chefe a seu respeito? O que diriam todos sobre sua disciplina profissional?

Antônio sonhava fazer o que realmente amava – ser orador profissional. Imaginava-se falando para grandes platéias e fazendo discursos na televisão. Via seus ouvintes aplaudindo-o, entusiasmados, e imaginava como seria escrever livros em vez de ter de ler leis para viver. Como gostava de compartilhar com outras pessoas as coisas que eram importantes para ele! Como adorava cada segundo do seu sonho!

No entanto, a realidade logo tratava de tirá-lo dos seus devaneios. Nunca teria tempo suficiente para tentar realizar seu sonho. O emprego como advogado já exigia dele todo seu tempo. "Pare de sonhar e aceite o que tem", repetia a si mesmo com convicção. Porém, o triste fato permanecia: não estava feliz com sua vida.

1. A NATUREZA DO PRAZER

Tudo no universo é composto de energia organizada de diferentes formas. A luz é composta de energia, os sons e os objetos são energia e, é claro, as pessoas também são energia.

Como seres compostos de energia, seguimos um ciclo energético muito simples: absorvemos energia do nosso meio ambiente, transformamos essa energia numa forma que podemos utilizar e depois devolvemos essa energia ao meio ambiente. Podemos, por exemplo, absorver energia na forma de um sanduíche e depois devolver essa energia ao meio ambiente sob a forma de exercício físico, trabalho ou pensamento.

Apesar de sermos seres compostos de energia, não produzimos energia. Apenas transformamos a energia já existente numa forma diferente. Por isso, a energia que liberamos é diretamente proporcional à energia que absorvemos. Se absorvemos pouca energia, então teremos pouca energia para gastar.

A comida não é a nossa única fonte de energia. Absorvemos energia por meio de muitos canais diferentes. Os sentidos da visão, da audição, do paladar, do olfato e do tato são apenas alguns dos mais óbvios, mas há muitos outros: a respiração, o calor, a luz, a atenção e o afeto de outras pessoas.

É aqui que o prazer entra em jogo. O *prazer é uma das formas mais poderosas de energia que podemos absorver*. O prazer é tão importante para o ser humano, que o universo se baseou nos seus méritos para assegurar a reprodução e continuidade da espécie.

O prazer é especialmente importante porque ele não serve apenas como combustível para o nosso corpo, mas também melhora nossa capacidade de transformar a energia de outros canais existentes. É por isso que uma refeição apetitosa é muito mais revitalizadora do que uma refeição sem gosto, e é igualmente por essa razão que conversar com um bom amigo é muito mais proveitoso do que conversar com um estranho.

2. A ESTRADA DO PRAZER

"O início de um hábito é como uma corda invisível, e cada vez que repetimos o ato fortalecemos a corda e acrescentamos-lhe novos filamentos, até que ela se transforma num poderoso cabo e nos comanda irrevogavelmente, pelos nossos pensamentos e atos."

Orison Swett Marden

Quando sentimos prazer, sentimo-nos felizes e vivos. Quando sentimos dor, sentimo-nos cansados e sem força. Conseqüentemente, estamos constantemente à procura de novas formas de alcançar o prazer e de evitar a dor.

Certos comportamentos demonstram ser melhores fontes de prazer do que outros e tornam-se respostas habituais. Motivados pelo prazer que sentimos, repetimos esses comportamentos tantas vezes que logo eles se transformam em profundos trilhos mentais. Com o tempo e a repetição, esses trilhos transformam-se em avenidas e depois em rodovias. A essa altura, nosso comportamento já se transformou em algo mais do que um mero comportamento, tornou-se um ritual e uma característica nossa – transformou-se no que somos. Como disse John Dryden: "Primeiro nós criamos nossos hábitos e depois os nossos hábitos nos criam." Esses comportamentos habituais são a nossa *estrada do prazer*.

Os caminhos comportamentais que desenvolvemos na busca do prazer – as nossas estradas do prazer – tornam-se aquilo que vulgarmente chamamos de personalidade. Algumas pessoas aprendem a estudar e seguir uma carreira para atingir o prazer, enquanto outros aprendem a roubar, burlar e mentir para atingir o mesmo fim. Embora cada pessoa tenha uma personalidade diferente, todos os seus comportamentos correspondem basicamente à mesma busca de prazer e fuga da dor.

Muitas vezes, porém, parece difícil acreditar que a personalidade de algumas pessoas tenha sido formada pela busca do prazer. De fato, às vezes as pessoas praticam atos autodestrutivos que, aparentemente, apenas produzem dor. Apesar disso, mesmo que um comportamento doloroso seja repetido inúmeras vezes, isso não quer dizer que a pessoa esteja à procura de dor. Isso apenas acontece porque não é simplesmente a dor e o prazer que comandam a nossa vontade, mas a nossa *percepção* da dor e do prazer. Assim, se alguém se envolve repetidamente em comportamentos que lhe provocam dor, isso acontece porque, na visão dessa pessoa, esses comportamentos lhe trazem mais prazer do que dor, ou porque ela precisa de prazer a curto prazo – mesmo que o preço desse prazer seja uma dor maior a longo prazo.

O dependente químico se droga porque, na sua maneira de ver, é mais prazeroso ficar drogado do que acordado e lúcido.

O aluno deixa de estudar para fugir do seu medo de fracassar – mesmo que seus fracassos sejam justamente o resultado da sua falta de estudo. A esposa vítima de maus-tratos volta para o marido violento porque ela tem mais medo da reação do marido, da solidão e da incerteza do que de futuros maus-tratos.

As estradas de prazer que desenvolvemos são difíceis de abandonar, não apenas porque nos oferecem segurança, mas também porque não conhecemos outros caminhos. Conseqüentemente, elas influenciam grandemente nossa alegria e satisfação na vida.

3. Prazer não equivale a felicidade

Nem todas as estradas do prazer são boas para nós. Algo pode parecer agradável quando, na realidade, é prejudicial.

Da mesma maneira, nem todas as atividades que nos dão prazer trazem felicidade. A felicidade contínua só pode resultar de atividades que nos desenvolvam como um todo, fazendo-nos melhores do que antes.

É por essa razão que um trabalho, uma relação, um projeto, um passatempo ou um esporte de que gostamos podem nos fazer extremamente felizes, enquanto prazeres mais intensos como o sexo ou a comida, falham, muitas vezes, em produzir o mesmo resultado.

A importância do que fazemos não é o que obtemos, mas sim em quem nos tornamos. Prazeres como a comida e o sexo são gratificantes, mas nunca criam felicidade duradoura; uma vez acabados, continuamos a ser precisamente a mesma pessoa que éramos antes.

Ao contrário, atividades que nos dão menos prazer, tais como aprender uma língua nova, superar um medo ou ler livros, muitas vezes produzem um sentimento de felicidade contínua porque nos fazem crescer interiormente.

O que nos faz felizes não é a quantidade de prazer que sentimos, mas sim o tipo de prazer que procuramos. Em outras palavras, termos muitos prazeres não nos garante a felicidade e termos poucos prazeres não nos garante a tristeza.

Ironicamente, é precisamente pelo fato de as pessoas não perceberem que o prazer, por si só, não traz felicidade que lhes parece tão difícil alcançá-la.

Acreditar que o prazer é a fonte da felicidade motiva as pessoas a trabalhar arduamente para preencher a vida com confortos e prazeres. Compram carros novos, casas maiores e cercam-se de todo tipo de amenidades. Por fim, um dia, dão-se conta de que, apesar de terem tudo o que desejavam, sentem-se incompletas. Confusas, desiludidas e frustradas, concluem que, se ainda não se sentem felizes, deve ser porque precisam alcançar ainda mais. Como resultado dessa maneira de ver as coisas, caem num ciclo vicioso terrível. Correm atrás de objetivos cada vez mais exigentes na esperança de que a felicidade irá um dia aparecer-lhes.

Não será necessário dizer que a felicidade nunca vai bater à sua porta. Conseqüentemente, a maioria das pessoas desiste de ser feliz – acreditando que esse é um estado romantizado em filmes e contos de fadas – ou simplesmente termina seus dias sentindo-se confusa e miserável pois não foi capaz de desvendar o segredo misterioso da vida.

Mais prazer não irá trazer-lhe a felicidade contínua que você tanto procura. Deixe de enganar a si mesmo. Você pode ser extremamente rico, comer os pratos mais requintados e ter uma vida sexual fantástica e, mesmo assim, sentir-se mal consigo mesmo a maior parte do tempo. O prazer por si só não fará de você uma pessoa feliz. *Para se sentir feliz, você deverá se envolver em atividades que o façam crescer interiormente.*

4. A NECESSIDADE DE TER PRAZER

Mesmo que o prazer não garanta a felicidade, nosso corpo necessita do prazer para funcionar adequadamente e para sobreviver, caso contrário, ficamos fracos e, em conseqüência disso, desenvolvemos doenças e distúrbios psicológicos.

A ausência prolongada do prazer leva à depressão – um estado em que todos os sentidos ficam entorpecidos para que o corpo possa conservar sua energia – e influencia nosso comportamento. Quanto menos prazer temos na vida e quanto mais dor sentimos, mais desesperadamente procuramos prazeres imediatos para conseguir manter nosso equilíbrio energético.

É sobretudo por falta de prazer que muitas pessoas desenvolvem hábitos prejudiciais à saúde, tais como fumar, consumir drogas ou comportar-se de maneira violenta.

As pessoas com poucas fontes de prazer têm dificuldade para lidar com os desafios da vida. Em conseqüência disso, são freqüentemente irritadiças, egoístas, teimosas e agressivas, e estão constantemente buscando a atenção dos outros – muitas vezes por meio do seu mau comportamento – para absorver mais energia.

Ao contrário, as pessoas com várias fontes de prazer tendem a ser mais estáveis e felizes porque raramente ficam desesperadas em busca de prazer. Mesmo que uma de suas fontes de prazer seja cortada, elas podem contar com outras fontes.

Por essa razão, todos nós devemos nos esforçar para criar inúmeras fontes de prazer na nossa vida. Assim como as teias de aranha, nosso sistema de suporte deveria ter vários pontos de apoio.

Se escolhermos nosso prazer com sabedoria, teremos energia, motivação e força em abundância; se escolhermos mal, sentiremos desilusão e dor.

É muito importante que saibamos onde encontrar prazer na vida. Nossa felicidade, e até mesmo nossa sobrevivência, dependem da estrada que decidimos trilhar.

5. O PODER DO PRAZER

O prazer exerce uma atração sobre tudo o que fazemos, do mesmo modo que a força da gravidade exerce uma força sobre todos os objetos ao seu alcance. *Sempre que fazemos algo que gostamos, o prazer que encontramos nessa atividade nos fornece a energia necessária para que possamos completar a tarefa.*

Quando fazemos o que gostamos, atingir nossos objetivos é como nadar na direção da corrente de um rio. Quando não fazemos o que gostamos, atingir nossos objetivos é tão cansativo como nadar contra a corrente do rio. É por essa razão que algumas pessoas têm tanta energia e outras tão pouca, e, em parte, é também por isso que a vida é tão fácil para alguns e tão difícil para outros.

É claro que é impossível fazer sempre o que gostamos; contudo, sempre que possível, devemos seguir nosso coração em vez de trabalharmos tanto.

Um dos mais importantes segredos para se viver uma vida completa e feliz consiste em fazer o que gostamos em vez de tentar gostar do que fazemos.

6. Saiba dominar o prazer para triunfar sobre a dor

"Parece-me que os prazeres devem ser evitados se tiverem como conseqüência dores maiores, e as dores devem ser desejadas, se resultarem em prazeres maiores."

Michel de Montaigne

Embora percebamos a tremenda força que existe no prazer, às vezes temos de fazer coisas que são desagradáveis, e muitas vezes teremos de nadar contra a corrente do rio. É por essa razão que a cultura ocidental defende tão vigorosamente a importância da persistência e do trabalho duro. Contudo, com algum treino, podemos aprender a mudar a direção da corrente do rio.

Como podemos transformar algo desagradável em agradável? Como podemos mudar nossas percepções e mudar a direção das águas do rio?

Nossa percepção do prazer é o resultado de vários fatores, tais como nossas experiências passadas, nossos objetivos, nossa memória seletiva, nossas referências exteriores, nossos medos, nossas predisposições biológicas e nossa maneira de pensar. O que dá prazer a uma pessoa pode perfeitamente ser repugnante para outra.

Contudo, nossa percepção atual da dor e do prazer pode ser alterada. Se aprendermos a afastar a nossa atenção da dor que sentimos e a prestar mais atenção aos benefícios que desejamos alcançar, poderemos, muitas vezes, transformar uma percepção dolorosa numa percepção agradável.

Por exemplo, embora fazer ginástica possa parecer desagradável, podemos encará-la como agradável se concentrarmos a atenção no prazer que sentiremos quando tivermos o corpo que desejamos. De fato, nem sempre será necessário fazer isso durante muito tempo, porque assim que começarmos a ver os primeiros resultados, o prazer que sentirmos vai nos empurrar automaticamente para a frente. É por isso que é tão importante obter resultados assim que começamos qualquer atividade nova. Isso servirá para alterar nossa percepção da dor e do prazer e permitirá que nos beneficiemos da força de atração do prazer.

Sempre que decidirmos fazer algo, devemos nos certificar primeiro se sentimos o prazer que isso nos trará no futuro. Isso reduzirá drasticamente a quantidade de disciplina, dor e trabalho duro na nossa vida e nos permitirá tirar vantagem da atração que o prazer exerce sobre o nosso corpo.

7. Descubra para o que você nasceu e do que você gosta

> "Um músico tem de fazer música, um pintor tem de pintar, um poeta tem de escrever, se ele desejar finalmente ficar em paz consigo mesmo."
>
> Abraham Maslow

Para ser feliz, você precisa descobrir primeiro para o que nasceu e o que você ama. Os peixes nasceram para nadar. O Sol nasceu para brilhar. As plantas nasceram para crescer. Os pássaros nasceram para voar. Para o que você nasceu? Do que você realmente gosta?

Para algumas pessoas afortunadas, essa pergunta não representa nenhum desafio. Elas sabem, no fundo do coração, que nasceram para ser carpinteiros, advogados ou pilotos. Sabem o que querem e não têm nenhuma dúvida.

Descobrir que caminho seguir, porém, não é fácil para a maioria das pessoas. Há tantas possibilidades e opções diferentes! Como podemos estar seguros das nossas escolhas?

A pergunta parece difícil de responder, mas na verdade não é. Descobrir do que gostamos é simplesmente uma questão de tentativa e erro, uma questão de intuição e tempo. Tudo o que temos de fazer é tentar coisas diferentes até descobrirmos nosso talento inato, nossa vocação.

Para o que você nasceu?

Devemos ser pacientes, pois muitas vezes o nosso ponto de partida está muito longe do nosso destino final. Nossa verdadeira vocação pode ser totalmente diferente do que imaginávamos.

Imagine como um peixe se sentiria infeliz, exausto e frustrado se vivesse tentando voar. Ele tentaria inúmeras vezes e, mesmo assim, fracassaria. Por quê? Porque ele é um peixe e não nasceu para voar, mas para nadar.

Não é isso o que acontece na vida de muitas pessoas? Elas acham o trabalho entediante e sem graça, mas nem por isso mudam de emprego. Não gostam das suas relações amorosas, mas as mantêm. Não gostam realmente dos amigos que têm, mas não procuram novos amigos. Será que essas pessoas serão felizes e realizadas se continuarem vivendo dessa maneira? Não! Elas vão se sentir encurraladas e, provavelmente, nunca serão boas no que fazem, pois não agem naturalmente. São como pássaros tentando nadar. São como peixes tentando voar.

Mas olhe para o padeiro que gosta do seu trabalho. Veja como é fácil para ele fazer o que faz. Veja o cantor feliz. Não trabalha quase nada e as suas músicas são um sucesso. Olhe para o aluno de Direito que estuda todo dia com prazer. É óbvio que será um grande advogado.

A pessoa que faz o que gosta tem tantas oportunidades de vencer na vida como a pessoa que não faz o que gosta tem de fracassar.

Você já descobriu realmente a sua verdadeira vocação, ou será que é apenas mais um peixe tentando voar?

"Você reconhecerá seu caminho quando se deparar com ele, porque, nesse instante, terá toda a energia e imaginação de que alguma vez precisou."

Jerry Gillies

DICAS

1. **Quanto mais cedo você começar a procurar a sua verdadeira vocação, mais cedo e mais facilmente a encontrará.**
   Quanto maior for o número de funções e trabalhos que você experimentar, maior será sua confiança quanto à escolha final. Como o provador de vinhos, quanto mais "vinhos" provar, mais segura será a sua opinião. Por essa razão, você deve começar a sua caminhada o mais cedo possível, para que tenha mais oportunidades de falhar e de tentar novamente.

2. **Para descobrir a sua verdadeira vocação, você deve manter um elevado nível de expectativa.**
   Se achar que se sente bem com o primeiro emprego que o satisfaz minimamente, então não irá, provavelmente, descobrir o que realmente ama. Para acertar no alvo, você deve ser exigente consigo mesmo.

3. **Conseguir fazer o que você realmente gosta, pode levar muito tempo e exigir muito esforço e dedicação.**
   Conseguir fazer o que realmente gostamos é, sob vários aspectos, um processo gradual. Mesmo que descubra hoje sua vocação, pode não ter imediatamente uma oportunidade para começar uma nova vida. Pode demorar algum tempo antes que sua vocação consiga sustentá-lo e pode demorar ainda mais tempo até que você consiga ter êxito no que faz.

8. NÃO DESISTA DE SER QUEM VOCÊ É EM TROCA DO AMOR DE OUTRAS PESSOAS

Todos os dias o universo nos concede infinitas fontes de prazer e felicidade. Todos os dias o universo nos concede a liberdade de fazermos e sermos o que verdadeiramente nos faz felizes. Será que nós realmente aproveitamos essa enorme riqueza e nos beneficiamos das suas muitas alegrias? Não! Podemos ser reis, mas a maioria de nós escolhe viver como mendigos. Pensamos, mas não ousamos falar; queremos, mas não ousamos agir. Aguardamos a autorização da sociedade e a permissão dos outros como se as opiniões deles fossem melhores que as nossas.

Por que negamos a nós mesmos o prazer de fazer o que realmente gostamos? Por que sacrificamos nosso prazer por uma compensação ainda maior?

Não! Estamos nos sacrificando por um amor e apreciação vazios. Se não gosta de mim como eu sou, mudarei para que goste mais de mim. Se reprova o que eu faço, abstenho-me para evitar a sua ira. Para evitar a rejeição e as críticas dos outros, negligenciamos constantemente o que realmente queremos e quem realmente somos.

Os outros, por sua vez, fazem de tudo para que continuemos fiéis à máscara que criamos para eles e para o prazer deles. Com receio de decepcioná-los e perdermos a nossa sensação de segurança, tornamo-nos atores, representando a nossa peça privada da vida. Ninguém sabe quem realmente somos, mas isso parece não importar, desde que os outros apreciem o papel que desempenhamos.

A conseqüência mais triste desse comportamento é que, depois de algum tempo, nos acostumamos tanto a reagir automaticamente às opiniões dos outros e a ignorar o que realmente queremos, que acabamos esquecendo quem somos.

Não é fácil sair dessa camisa-de-força. Tente tirar a máscara que os seus pretensos amigos, colegas e família o ajudaram a colocar e eles se transformarão num exército de soldados irados que tentarão deter você. Como você se atreve a deixar de agradá-los! Como se atreve a ser você mesmo!

Aqueles que estão à sua volta não deixarão que você tire a sua máscara, porque, se o fizerem, terão de admitir que eles também poderão tirar a deles e mostrar que têm vivido uma farsa.

Fazer as coisas para evitar a rejeição é inútil, porque, de alguma maneira, acabará se perdendo durante o processo. Então, o que você deve fazer? Continuar a vender a alma para evitar a rejeição dos outros? Permanecer no palco, representando eternamente para uma platéia de outros atores? Ou suportar a rejeição e a crítica ocasionais dos outros, tornando-se, finalmente, quem você de fato é?

9. Jogue fora a sua máscara e o seu uniforme

Se decidir ser você mesmo, chame sua família e amigos e comunique sua decisão, ou diga, como fez Ralph Waldo Emerson, um escritor americano, há mais de um século:

"Queridos pai, mãe, esposa, irmão, amigo, até hoje tenho vivido de aparências com vocês. Daqui em diante eu pertenço à verdade. Fiquem cientes que doravante não obedecerei a lei alguma senão à lei eterna. Eu tenho de ser eu mesmo. Não posso continuar a negar o que sou por causa de vocês. Se conseguirem amar-me pelo que sou, seremos muito mais felizes. Se não conseguirem, tentarei procurar que o consigam. Não ocultarei mais os meus gostos ou aversões. Se forem nobres, os amarei. Se não forem, não os magoarei e a mim mesmo com atenções hipócritas. Se forem verdadeiros, mas não seguindo a mesma verdade que eu, fiquem com os seus companheiros, que eu encontrarei os meus. Assim, estarei infligindo dor aos meus amigos. Sim, mas não posso ceder a minha liberdade e o meu poder para poupar a sua sensibilidade. Além disso, todas as pessoas têm os seus momentos de razão, quando estão sob o império da verdade absoluta; então, vocês compreender-me-ão, e farão o mesmo."

Sim, se já não consegue ser feliz na companhia da sua esposa ou do seu marido, você *deve* separar-se em vez de mentir. Sim, *deve* deixar os seus livros de leis na prateleira e os seus ternos no guarda-roupa, se é um advogado que realmente prefere fazer música, pintar ou ocupar-se de agricultura. Sim, você *deve* se comportar como um homossexual se é isso que sente que é. Sim, você deve ser você mesmo!

Cada vez que temos coragem de dizer ou fazer o que realmente queremos, aprendemos e nos desenvolvemos. Todas as vezes que não o fazemos, murchamos e morremos um pouco.

Você quer *realmente* ser feliz? Então tire a máscara e *mostre-se* como é. Você quer ser feliz? Então deixe de tentar gostar do que faz e, em vez disso, comece a fazer o que gosta! Seja você mesmo e faça o que gosta. Esse é o único caminho seguro para a paz e para a realização na vida.

"Segue o teu coração. Não há outras regras."

Robin Williams

DICAS

1. **Antes de tentar eliminar seus maus hábitos ou o dos outros, procure encontrar substitutos para o prazer que esses maus hábitos proporcionam.**
   Os "maus" hábitos são, freqüentemente, nossa única compensação para a falta de prazer na vida. Por essa razão, são úteis, mesmo quando causam problemas. É por isso que é tão difícil mudar os piores hábitos das pessoas, e é por isso que tentar mudar esses hábitos pode não ser aconselhável.
   Se simplesmente eliminarmos os maus hábitos, mas não os substituirmos por novas formas de prazer, poderemos ficar deprimidos ou desenvolver hábitos bem piores do que antes.

2. **Sacrificar-se pelos outros nem sempre significa que você está se vendendo.**
   O sacrifício só é prejudicial quando o negar-se a si mesmo se baseia no receio da rejeição, em vez de ser por amizade ou amor. Você pode deixar de fazer o que gosta porque alguém que você estima lhe pede para agir assim, ou porque quer retribuir a bondade de alguém.
   Quando reprime quem você realmente é, em nome da amizade ou do amor, você deve fazer com que a outra pessoa saiba por que está

fazendo isso. Desse modo, você demonstra que a verdadeira razão da sua conduta é a amizade ou o amor, e não o receio da rejeição.

3. **Ao conhecer alguém, mostre seu verdadeiro "eu" o mais rápido possível.**
Quando você esconde quem realmente é das novas pessoas que conhece, torna-se prisioneiro da máscara que cria. Se for difícil mostrar como você realmente é para essas pessoas – por medo de desapontá-las ou por medo da rejeição –, lembre-se que será muito mais difícil revelar-se mais tarde, uma vez que elas já podem ter criado expectativas incorretas a seu respeito.

Se deseja mostrar-se como você realmente é, então faça isso quando for mais fácil, ou seja, logo que conhece novas pessoas. De outro modo, provavelmente vai faltar coragem para fazer isso mais tarde, e você ficará preso à sua máscara para sempre.

PERGUNTAS E EXERCÍCIOS

1. Na sua vida pessoal e profissional, você faz o que gosta ou tenta gostar do que faz?

2. Imagine que ganhou dez milhões na loteria. O que faria o resto da vida se não tivesse que se preocupar com dinheiro? Do que você realmente gosta? É o que você faz hoje? Por que não?

3. Que passos você vai dar hoje para se aproximar daquilo que gosta de fazer? Você precisa falar com alguém, assumir riscos ou fazer algum plano? Não espere mais. Comece hoje mesmo.

4. A sua vida diária contém prazer suficiente? Está habitualmente entusiasmado ou cansado?

5. Quais são as suas fontes de prazer na vida? Os seus caminhos para o prazer são sensatos ou eles lhe causarão futuros sofrimentos e dor?

6. Você procura prazeres que o façam sentir-se realizado e feliz – porque o fazem desenvolver interiormente – ou apenas persegue prazeres que lhe proporcionam uma satisfação momentânea?

7. Comece a notar quantas vezes as expectativas dos outros o fazem dizer "sim", quando realmente quer dizer "não".

8. Mostre todos os dias uma nova característica sua aos outros. Não receie surpreendê-los ou desapontá-los, se for realmente você. Se agir dessa maneira, estará fazendo um favor aos outros e a si mesmo também.

9. A falta de prazer na vida causa muitos problemas de saúde. Que comportamentos você está disposto a mudar para melhorar seu prazer e sua saúde?

10. Alguns sinais de um corpo energeticamente desequilibrado são: drogas, excesso de alimentação, álcool ou sexo; agressividade, irritabilidade, egoísmo, intolerância, teimosia e ansiedade. Você apresenta algum desses traços como compensação para a falta de prazer na sua vida?

CONCLUSÃO

O prazer é essencial para a sua saúde e bem-estar. No entanto, beneficiar-se da energia proveniente do prazer nem sempre é fácil, porque há muitos obstáculos no caminho.

Para colher as melhores recompensas do prazer, você deve descobrir primeiro do que gosta na vida. Esse é o passo mais importante, mas é também onde a maioria das pessoas falha.

A fase seguinte constitui um desafio ainda maior: você deve dar espaço na sua vida para o que gosta. E para que isso aconteça talvez seja necessário decepcionar algumas pessoas, assumir riscos e preparar-se cuidadosamente antes do seu novo plano começar a dar resultados.

Depois de começar a fazer o que gosta, entenderá o quanto era tolo antes. Nesse momento, vai compreender como sua vida poderia ser mais fácil e mais interessante.

A vida lhe foi dada para que você retire prazer dela. Abandone seus medos e desculpas e exija sua cota.

A DÁDIVA DE DAR

"Todos os homens são culpados do bem que não fizeram."

Voltaire

A maioria das pessoas pratica boas ações porque acredita que o bem que fizer aos outros lhes será futuramente retribuído. Embora isso aconteça com freqüência, infelizmente nem sempre é verdade. Muitas vezes as nossas boas ações não são retribuídas. Portanto, a menos que aprendamos a encontrar no ato de dar mais do que uma mera forma de receber, ficaremos freqüentemente decepcionados e tristes.

Como podemos encontrar alegria em dar, mesmo que nossa generosidade não seja recompensada? Como podemos transformar o dar, de uma fonte de repetidas decepções, numa fonte incondicional de harmonia e de realização? É disso que trata este capítulo.

Este capítulo não vai lhe mostrar como obter mais dividendos das suas boas ações. O propósito é ajudá-lo a olhar para além da retribuição, de modo que possa encontrar alegria em dar, mesmo quando não receber nada em troca. Ele revela os erros mais comuns que as pessoas cometem quando dão, e mostra como evitá-los. Leia-o cuidadosamente, porque, embora as instruções sejam simples, os benefícios são enormes.

* * *

Uma noite, um homem dirigia de volta para casa, numa estrada solitária. A oferta de trabalho na pequena cidade onde morava era quase inexistente, mas ele não desistia de procurar. Desde que a fábrica fechara estava desempregado e, com a aproximação do inverno, a situação tornara-se ainda mais difícil.

Estava escuro e, por isso, mal viu o que lhe pareceu ser uma senhora idosa à beira da estrada. Mas, mesmo com a pouca luz, pôde perceber que ela precisava de ajuda. Ele parou o carro em frente do Mercedes dela e saiu, dizendo-lhe: "Estou aqui para ajudá-la, minha senhora. Por que não fica dentro do carro, onde está mais quentinho? A propósito, meu nome é Sebastião."

Mesmo tendo Sebastião um sorriso no rosto, a senhora ficou assustada. Porém, ninguém mais tinha parado para ajudá-la. Será que ele lhe faria algum mal? Não parecia ser de confiança; parecia pobre e faminto.

Ela apenas estava com o pneu do carro furado, mas, para uma senhora idosa, já era uma situação bastante difícil. Sebastião teve que se sujar, mas conseguiu trocar o pneu.

A senhora ficou muito feliz. Já imaginara todas as coisas terríveis que podiam ter-lhe acontecido, se ele não tivesse parado para ajudá-la. Perguntou quanto lhe devia – qualquer importância estaria bem. Sebastião, porém, rejeitou sua oferta imediatamente. Limitara-se a ajudar alguém que precisava, e havia muita gente que já lhe tinha estendido a mão no passado. Acrescentou que, se ela realmente quisesse retribuir-lhe o favor, na próxima vez que visse alguém precisando de ajuda que lhe desse a assistência necessária. Para finalizar, acrescentou: "E quando fizer isso, pense em mim." Esperou que ela arrancasse com o Mercedes, e depois partiu no seu velho automóvel.

Alguns quilômetros de estrada abaixo, a senhora encontrou um pequeno e sujo café. Ela entrou para comer e aquecer-se antes de continuar a viagem para casa.

A garçonete trouxe-lhe uma toalha limpa para que enxugasse o cabelo molhado. Estava grávida de oito meses, mas sorria sempre e não deixava que o desconforto do seu estado afetasse suas atitudes. A senhora perguntava a si mesma como uma pessoa naquele estado podia ser tão generosa. Então, lembrou-se de Sebastião.

Depois de terminar a refeição, pagou com uma nota de 100, e a garçonete foi buscar o troco. Quando voltou, a senhora tinha partido.

A garçonete ainda estava pensando onde a mulher poderia estar, quando notou quatro notas de 100 sobre a mesa, junto a um guardanapo onde fora escrito um pequeno texto. Vieram-lhe lágrimas aos olhos quando leu o que estava escrito: "Você não me deve nada. Também já passei por isso. Uma vez uma pessoa me ajudou da mesma maneira que estou ajudando você.

Se realmente quiser retribuir o favor, não permita que essa corrente de amor termine."

Nessa noite, quando chegou em casa, vinda do trabalho, e se deitou, pensou no dinheiro e no que a senhora tinha escrito. Como aquela senhora poderia saber o quanto ela e o marido precisavam do dinheiro? Com o nascimento do bebê no mês seguinte, as coisas ficariam difíceis. Sabia o quanto o marido estava preocupado. Como ele estava quase dormindo, deitado ao lado dela, deu-lhe um beijinho e sussurrou-lhe ao ouvido: "Tudo vai dar certo. Eu te amo, Sebastião."

1. NÃO OBTEMOS O QUE DESEJAMOS, MAS O QUE DAMOS

A maioria das pessoas levanta-se cedo e trabalha duro o dia todo para alcançar seus objetivos na vida. Batalham para obter mais dinheiro, mais poder e mais sucesso. Depois, quando se deitam, à noite, sentem-se satisfeitas por terem dado o melhor de si.

No entanto, estão tão absorvidas pelo que desejam que, freqüentemente, se esquecem de um ponto muito importante: trabalhar duro nem sempre é a melhor maneira de conseguir dinheiro, sucesso e felicidade.

Trabalhar duro pode nos ajudar a conseguir algumas coisas, mas, para atingir objetivos verdadeiramente elevados, necessitamos da ajuda de outras pessoas. Sozinhos, somos limitados, porque só podemos trabalhar algumas horas por dia; com a ajuda de outras pessoas, somos inacreditavelmente poderosos.

> "Uma pessoa sem amigos não pode
> ter êxito, mas não é possível parar uma pessoa
> com muitos amigos."
>
> Stephen Fox

O que devemos fazer para que outras pessoas nos ajudem a alcançar os nossos objetivos?

Embora não se trate de uma verdade absoluta, a maioria das relações humanas obedece a um princípio de reciprocidade: tendemos a tratar as pessoas tal como elas nos tratam. Em outras palavras, aquilo que recebemos das outras pessoas é, em geral, equivalente ao que elas recebem de nós.

Desse modo, a melhor maneira de receber mais é dar mais. Visto que os outros seres humanos são as criaturas neste planeta que mais podem contribuir para melhorar a nossa vida, a melhor maneira de realizar mais coisas é ajudar os outros a conseguirem mais da vida também.

Portanto, se quiser mais dinheiro, sucesso e felicidade, ajude os outros a conseguirem mais também – seja o que for que eles queiram. Desse modo, em vez de se esforçar para atingir seus objetivos por si só, você terá sempre um exército de aliados dispostos a ajudá-lo.

Não se esqueça: você não recebe o que deseja, mas aquilo que dá. Portanto, se quiser mais, dê mais.

2. Assim que der algo a alguém, você já terá recebido

"Só aqueles que conhecem o poder da contribuição sincera e desinteressada experimentam a mais profunda alegria da vida: sentirem-se verdadeiramente realizados."

ANTHONY ROBBINS

Devido ao fato de as pessoas serem, às vezes, ingratas e de a vida ser muitas vezes injusta, é freqüente darmos mais e, aparentemente, recebermos pouco ou nada em troca.

O verdadeiro dilema não é o que não recebemos, mas o que não vemos. Nossa recompensa pode vir na forma de algo não material, como mais segurança, mais confiança, mais boa vontade, mais compreensão, mais satisfação ou mais amor, mas recebemos sempre algo quando damos.

A DÁDIVA DE DAR

Recebemos sempre *quando damos porque, quando damos, convertemos, muitas vezes, bens efêmeros em dádivas eternas.* Se tivermos uma cédula de 10, podemos perdê-la; mas, se dermos uma nota de 10 a um pedinte na rua, nosso ato subsistirá na nossa memória para a eternidade – a nossa boa ação jamais poderá ser apagada.

Para alcançar harmonia e felicidade duradoura na vida, é importante aprender a ver não só com os olhos, mas também com o coração. Então, a ingratidão dos outros já não nos perturbará, porque nossa alegria em dar não virá dos outros, mas de nós mesmos.

Isso não significa que devamos dar tudo o que temos, indiscriminadamente. Como veremos, há algumas precauções que devemos tomar.

Abra os olhos do seu coração e conte todas as bênçãos que você recebe quando dá algo a alguém. Você descobrirá uma nova alegria em dar e na vida.

"Uma das mais belas compensações da vida
é que nenhuma pessoa pode sinceramente tentar ajudar outra
sem ajudar a si mesma."

RALPH WALDO EMERSON

3. DÊ PRIMEIRO

"Dá duas vezes, aquele que dá primeiro."

PUBILIUS SYRUS

Para nos beneficiarmos inteiramente da Dádiva de Dar, não basta compreendermos que recebemos no momento em que damos. Para nos beneficiarmos verdadeiramente dessa dádiva, devemos aprender a dar primeiro.

Se ajudamos apenas depois de ter sido ajudados, se perdoamos apenas depois de ter sido perdoados, e se damos apenas depois de ter recebido, praticamos atos meritórios, mas esse tipo de resposta nos impedirá de conseguir a paz interior, porque nosso comportamento depende mais das ações dos outros do que do nosso próprio livre-arbítrio.

Dar depois de ter recebido pode nos fazer felizes e nos libertar de obrigações morais, mas, para atingirmos a harmonia, devemos aprender a dar primeiro.

4. Dê sem esperar receber

"Ah!", diz o homem egoísta, "então vou dar um belo presente de aniversário ao meu patrão, para que ele me dê um aumento de salário". "Deixe-me agradar meus clientes, de maneira que eles me proporcionem mais negócios", pensa o homem de negócios. "Deixe-me amar mais minha mulher, para que ela me ame mais", pensa o marido.

O que essas pessoas fazem está certo. As dádivas condicionais são indispensáveis para as relações humanas comuns, para o comércio e para um grande número de outras atividades. Há, todavia, uma maneira mais satisfatória de dar: a dádiva gratuita.

A dádiva gratuita é incondicional e encontra prazer em si mesma. Não espera, nem pressupõe retribuição. A dádiva gratuita não é apenas um ato isolado, ela reflete uma atitude em relação à vida e aos outros.

Se nossa motivação para dar é receber, estaremos sempre dependentes de obter algo em troca, a fim de nos sentirmos em paz com o que damos. Reciprocamente, quando nossa dádiva é gratuita, não dependemos de circunstâncias externas imprevisíveis para nos sentirmos realizados.

Para atingir a harmonia que a Dádiva de Dar pode proporcionar, devemos aprender a dar sem estar sempre à espera de receber algo em troca.

5. Se damos esperando receber, então nos arriscamos a dar demais e a ser enganados

A dádiva gratuita assusta algumas pessoas. No final das contas, se dermos aos outros o que temos sem esperarmos algo em troca, podemos acabar sem nada.

No entanto, se houver alguma coisa que devemos temer, não é a dádiva gratuita: é a dádiva condicional.

A pessoa que dá porque espera receber, muitas vezes dá o que não devia, e acaba perdendo as coisas de que precisa. Como um mau jogador de pôquer, arrisca-se muito e acaba perdendo tudo.

Por outro lado, quando damos gratuitamente, nunca nos arriscamos a dar demais, porque, como não contamos com nenhuma retribuição, instintivamente não damos aquilo que precisamos.

Quem dá, condicionado pelo que eventualmente irá receber, pode sofrer muitas perdas, porque os outros são às vezes ingratos e a vida é muitas vezes injusta. Aquele que dá gratuitamente nunca sente que perdeu, porque não espera nada em troca.

É essencial aprender a dar gratuitamente, porque muitas pessoas que precisam da nossa ajuda nunca poderão nos dar nada em troca.

6. Perdoe

"Imagino que uma das razões pelas quais as pessoas
persistem nos seus ódios tão teimosamente
é porque sentem que, assim que o ódio acabe,
terão de lidar com a dor."

James Baldwin

Apenas dar não garantirá a paz de espírito. Freqüentemente, para assegurar nossa harmonia, não só teremos de dar, mas dar inclusive àqueles que nos prejudicaram – teremos de perdoar.

Encontraremos na nossa vida muitas pessoas que nos tratarão injustamente; algumas serão grosseiras, outras violentas e outras serão ainda agressivas ou cruéis. Seja qual for a situação, há sempre dois caminhos a escolher.

A DÁDIVA DE DAR

O primeiro é ser para eles o que eles são para nós. Se gritarem conosco, gritaremos com eles. Se nos ameaçarem, nós os ameaçaremos. Se nos ferirem, tentaremos feri-los. Esse é o caminho mais fácil e mais comum. Mas podemos escolher outro caminho, mais ousado e compensador: o caminho do perdão.

Perdoar é muito mais do que deixarmos de ficar bravos com alguém. Perdoar é também um ato de coragem, uma decisão de sermos responsáveis por nós mesmos, em vez de nos afundarmos em piedade, censura ou raiva. Perdoar significa ter autoconfiança suficiente para continuar com a nossa vida, em vez de utilizar continuamente os maus comportamentos dos outros para nos justificarmos.

A maioria das pessoas acha difícil perdoar, porque, se perdoarem, será incapaz de culpar os outros pelas suas próprias infelicidades, sendo, dessa maneira, forçadas a culparem-se a si mesmas. Portanto, *ser capaz de perdoar não é só uma questão do quanto os outros foram maldosos conosco; é também uma questão de quanta auto-estima e força interior nós possuímos.* Baixa auto-estima, baixa capacidade de perdoar; elevada auto-estima, elevada capacidade de perdoar.

Todavia, perdoar não significa que devemos permitir que os outros nos magoem repetidamente ou que não devemos aprender com as ações dos outros. Significa aceitar conscientemente que o que aconteceu pertence ao passado, e tomar uma decisão consciente de continuar com a nossa vida.

"Perdão completo... é memória sem dor..."

BETTY GRANDELL

Quando não perdoamos, adiamos a paz, impedimos a compreensão e perpetuamos um ciclo infindável de violência e dor. Quando não perdoamos, tornamo-nos vítimas do ressentimento e da raiva.

Por outro lado, todas as vezes que perdoamos, libertamos os outros e a nós mesmos do ódio e da mágoa. Cada vez que perdoamos, tornamo-nos guias, redentores e sábios.

DICAS

1. **Na maioria das vezes, é melhor mostrar aos outros o nosso perdão por meio do nosso comportamento do que simplesmente dizer-lhes que os perdoamos.**
   O verdadeiro perdão é concedido com o coração, não com as palavras. Dizer a alguém que lhe perdoamos pode ser interpretado como um ato de arrogância. Portanto, geralmente, o melhor é mostrar o perdão por meio de um comportamento amigável e atencioso.

2. **Não perca as oportunidades de dar.**
   As pessoas freqüentemente falham em dar porque acreditam que lhes faltam oportunidades para fazer isso. Mas há sempre inúmeras oportunidades para dar. Não importa onde esteja, há muitas pessoas perto de você que precisam da sua ajuda. Dinheiro, atenções, informações, solidariedade, encorajamento, compreensão, gratidão, perdão e amabilidade são algumas maneiras de dar – que também nos enriquecem muito.
   Se não ajudamos os outros quando podemos, perdemos uma oportunidade única, porque as sementes da ajuda que plantamos no presente tornam-se, freqüentemente, grandes e belas flores que nos protegem e ajudam no futuro.

3. **Compartilhe sua vida com outras pessoas – isso fará a sua vida mais alegre e completa.**
   Compartilhar é uma das maneiras mais notáveis de dar que há, porque, mesmo que tenhamos pouco, é sempre possível compartilhar uma infinidade de coisas com outras pessoas: uma experiência, uma recordação, um sonho, um prazer, um filme, uma história, uma bebida e até mesmo um problema ou o medo. Muitos dos maiores prazeres da vida provêm de compartilhar.

PERGUNTAS E EXERCÍCIOS

1. Na vida, não recebemos o que queremos, mas o que damos. Se você não consegue o que deseja, pode ser que não esteja dando o suficiente. Pense nisso.

2. Adquira o hábito de dar pequenos presentes aos outros sem esperar nada em troca. Lembre-se de levar sempre consigo doces, palavras amáveis, um sorriso ou quaisquer outros pequenos presentes que possa distribuir livremente.

3. Torne-se consciente de tudo o que automaticamente recebe, sempre que der. Aprenda a apreciar o ato de dar, sem esperar receber nada em troca.

4. Perdoe os outros o máximo que puder. Alguém lhe causou algum mal? Se causou, perdoe essa pessoa de todo o seu coração imediatamente. Quantas vezes você se esqueceu de perdoar hoje?

5. Surpreenda alguém todos os dias agindo de maneira oposta à que ele espera. Se esperarem que você se queixe, não o faça. Se espe-

rarem que se atrase, chegue cedo. Se esperarem que vá competir, colabore. Se esperarem que tire, dê. Se esperarem que vá reagir, perdoe.

6. Preste atenção a todas as oportunidades que você terá hoje para ajudar os outros e compartilhar. Isso fará com que você fique mais rico, assim como os outros, ou continuará a jogar fora oportunidades preciosas?

CONCLUSÃO

Se você compreender inteiramente a Dádiva de Dar, será beneficiado com a paz interior, e a ingratidão dos outros nunca voltará a magoá-lo.

Dê com sinceridade e, automaticamente, receberá com abundância. Não espere receber seja lá o que for, e a Terra, os planetas e as estrelas do céu já lhe pertencerão.

A DÁDIVA DO AQUI E AGORA

"Durante muito tempo, pareceu-me que a vida estava quase começando — a vida real. Mas havia sempre algum obstáculo no caminho, uma coisa que devia fazer primeiro, algum assunto inacabado, tempo ainda por passar, uma dívida a pagar. Depois a vida começaria. Por fim, compreendi que esses obstáculos eram a minha vida."

ALFRED D. SOUZA

Vimos que compreender as Dádivas da Escolha, do Prazer e de Dar pode nos ajudar a viver uma vida na qual nos sintamos mais realizados. Outro importante passo para atingir esse mesmo fim é aprender a viver no presente.

Viver no presente parece maravilhoso, mas como fazer isso? Seria fácil se soubéssemos que só temos mais um ano de vida. Podíamos pedir emprestada uma grande quantia em dinheiro e fazer tudo o que quiséssemos durante os doze meses seguintes. Mas a maioria das pessoas não tem essa sorte – ou falta de sorte. A maioria das pessoas não tem nenhuma idéia de quando morrerá.

Como podemos viver no presente, se devemos pagar contas todos os meses e fazer planos para o amanhã? Como?

A resposta é simples. Vivendo plenamente hoje, não precisamos saber quando morreremos. Tudo o que precisamos saber é que a morte pode vir amanhã e que não viveremos para sempre.

Viver no presente não significa que não devemos fazer planos para o futuro ou que devemos viver como se não houvesse o amanhã, embora muita gente goste de dizer que devemos. Provavelmente haverá um amanhã, e comemorar tudo de uma só vez poderia ser imprudente.

Viver no presente significa que devemos nos assegurar de aproveitar o dia que estamos vivendo e que nunca devemos dedicar todo o dia de hoje ao amanhã. Isso significa que, todos os dias, devemos nos divertir um pouco, dedicar algum tempo a coisas menos sérias, e a fazermos o que verdadeiramente gostamos.

Viver no presente é um estado de existência de tal modo poderoso que alcançá-lo é quase mágico. Quando atingimos esse estado, mesmo se nos dissessem que morreríamos na manhã seguinte, não mudaríamos nossos planos para esse dia. Quando fazemos, hoje, exatamente o que faríamos mesmo se não tivéssemos um amanhã, sentimos uma alegria extraordinária.

Viver no presente exige que você vá muito mais além do que aproveitar bem o dia. Exige que você vença desafios que provavelmente nunca suspeitou que tivessem alguma coisa a ver com viver no presente. Leia atentamente as páginas seguintes, porque a Dádiva do Aqui e Agora revela, um a um, os segredos de viver um dia de cada vez.

* * *

Cristóvão era uma pessoa feliz. Aos 35 anos de idade, era o protótipo de um homem de sucesso. No entanto, Cristóvão tinha pouco tempo livre. Por exemplo, numa manhã, seu melhor amigo, Pedro, tinha sugerido que tirassem duas semanas de férias e fossem à Tailândia. Cristóvão queria muito ir, visto que visitar a Tailândia era um sonho antigo, mas receava que, sem ele, sua loja não fosse alcançar os resultados desejados, por isso decidiu não ir. Pedro ficou muito decepcionado, mas Cristóvão achou que aquele não era o momento apropriado para viajar. Talvez numa outra ocasião.

Quando se deitou naquela noite, Cristóvão teve uma sensação estranha, quase física, a respeito de não ir à Tailândia. Afinal de contas, há quase dois anos não tirava férias. Merecia ir. Seria bom. Decerto poderia organizar as coisas de tal modo que o negócio não sofresse grandes perdas.

Na manhã seguinte, acordou cedo só para dar a Pedro a boa notícia. O amigo ficou muito contente.

*

Lembranças da Tailândia vagavam pela sua mente, enquanto Cristóvão dirigia. Apesar de estar atrasado para uma entrevista matutina, dirigia a moto cuidadosamente.

Ele estava ainda sonhando acordado com a Tailândia quando, subitamente, um enorme caminhão vermelho saiu de um cruzamento à sua esquerda. Pego de surpresa, freou tão violentamente quanto podia, mas o caminhão já estava muito perto dele. Ao cair, tudo o que ouviu foi o guincho dos freios do pesado veículo. Seu capacete bateu com toda força no cimento duro, fazendo-o desmaiar.

Quando recuperou a consciência, um grande grupo de pessoas estava à sua volta, olhando para ele. Cristóvão estava perturbado e confuso, mas sentiu-se aliviado por não sentir dores. Que sorte, pensou ele.

Ao tentar levantar-se, no entanto, compreendeu repentinamente que não podia mexer as pernas. Em pânico, tentou olhar para as pernas, mas a cabeça também não se movia. Estava preso ao chão. Olhando para o céu, impotente, as lágrimas encheram-lhe os olhos.

*

Os médicos foram muito diretos. Cristóvão ficaria paralisado do pescoço para baixo para o resto da vida. Não havia chances de recuperação.

Para ele, era uma sentença de morte, ou pior. Ficaria prisioneiro do seu corpo. Qual era a razão de viver? Por que ele? Ele teria se suicidado, se ao menos pudesse mexer as mãos.

Durante os primeiros dois anos depois do acidente, Cristóvão pediu continuamente aos médicos que o deixassem morrer.

Recusava-se a comer e a ver os amigos, e tornou-se tão agressivo e violento que os médicos tiveram de medicá-lo fortemente.

Com o tempo, as lágrimas secaram e a raiva dissipou-se. Lentamente, o cérebro apagou toda a dor e horror dos dias iniciais e Cristóvão começou a se sentir bem novamente.

Agora os amigos podem visitá-lo e ele tem longas conversas com eles, com as enfermeiras e com os médicos. Pedro é ainda seu melhor amigo e vem vê-lo todas as semanas. Apesar de tudo, Cristóvão fez um excelente trabalho consigo mesmo.

No entanto, Cristóvão sabe que a vida nunca mais será como antes. Os médicos disseram-lhe que, por causa da paralisia, seu tempo de vida será muito mais curto do que o das outras pessoas. Mesmo assim, ele não está triste. Quando recorda a vida que teve, relembra certos momentos que fizeram com que a vida merecesse ser vivida. Ele chama esses momentos mágicos de suas "pérolas". É curioso, mas são tudo o que consegue recordar da sua vida — não a dor, a mágoa ou os problemas, só as pérolas. Como gostaria de ter tido mais momentos como esses.

O que perdeu em mobilidade, Cristóvão ganhou em sabedoria. Como tudo lhe parece diferente, agora que não pode fazer nenhuma das coisas que fazia com tanta facilidade antigamente. Como teria uma vida diferente, se pudesse vivê-la outra vez.

Se pudesse viver sua vida novamente, trabalharia menos e tiraria mais férias. Aprenderia mais piadas, riria mais e aproveitaria mais cada oportunidade. Criticaria menos e aplaudiria mais. Dormiria menos e sairia mais!

Se pudesse viver sua vida novamente, teria feito mais amigos e perdoaria muito mais seus inimigos. Viajaria mais e leria livros melhores. Comeria mais doces e veria mais filmes. Aprenderia a viver com menos e ajudaria mais as pessoas.

Se pudesse viver a vida novamente, falaria mais alto, sorriria mais e se queixaria menos. Diria "obrigado" com mais freqüência e trataria mais pessoas por você. Seria mais grato pela saúde, pelo corpo e pela mente. Oh, se ao menos pudesse viver sua vida outra vez, arranjaria mais "pérolas"!

Como Cristóvão estava grato por ter visitado a Tailândia com Pedro! Tinha quase feito a escolha imbecil de não ir. Não sabia, naquela ocasião, mas seria sua última viagem. Fora a sua derradeira "pérola" e uma das melhores.

1. Agarre-se a "pérolas", não a "carvões"

"Às vezes, preferia que as pessoas me tirassem anos de vida a tirarem-me um momento."

P. Bailey

O presente não existe isolado; ele existe como conseqüência do passado. Portanto, cada um de nós carrega muitas recordações – umas boas, outras más.

Embora uma única lembrança não seja muita coisa por si só, quando a repensamos milhares de vezes, ela influencia enormemente a pessoa em que nos tornamos. As recordações que carregamos conosco são muito importantes – elas podem nos encorajar ou nos enfraquecer, nos acorrentar ou nos libertar.

O que trazemos conosco, na nossa mente, não nos foi, todavia, imposto. Aquilo que mantemos conosco, nesse aspecto, é decisão nossa; podemos nos agarrar a "pérolas" ou a "carvões".

A que recordações você se prende? Elas lhe dão força ou o deprimem?

Por quanto tempo você vai concentrar sua atenção sobre aquele problema? Por quanto tempo você vai aprisionar-se às suas falhas e limitações? A menos que pare com isso, em breve você irá decuplicá-las!

Deixe seus "carvões" irem embora! Eles nada fazem além de limitá-lo. Há tantas "pérolas" a que você pode se agarrar em vez disso!

* * *

Paulo, um estudante do 6º ano do ensino básico, com 15 anos de idade, era um rapaz alto, muito magro, de cabelo preto. Era falador, tinha muitos amigos e era o "palhaço" da sala de aula. Mas Paulo era inseguro. Tinha viajado de país para país toda sua vida, portanto nunca pôde conservar nenhum dos amigos que fazia. Isso o deixava confuso, solitário e ansioso. Além disso, era magérrimo, desastrado com as mãos e lia e escrevia mal.

E o pior de tudo é que não tinha muito jeito com as garotas. Muitos dos seus amigos já tinham namorada e falavam em voz alta das suas "proezas", mas Paulo estava um pouco atrasado nesse quesito. Como desejaria poder aproximar-se de alguma das "beldades" da sua turma e pedir-lhe para sair com ele! Mas o que um rapaz deve dizer? O que falaria? Por que alguma garota sairia com ele? Estava certo de que falharia e seria motivo de riso. Embora Paulo não tivesse muita autoconfiança, sabia muito bem esconder a insegurança.

Ele tinha, porém, um talento pouco usual. Não era nada de extraordinário, mas era importante para ele porque o fazia sentir-se orgulhoso de si mesmo. Corria como poucos conseguiam. Ele podia correr muitos quilômetros sem ficar cansado. Não era um fenômeno, mas era certamente um dos melhores na sua escola – de fato, era tão bom que os amigos começaram a chamá-lo de "rapaz-cavalo", e Paulo gostava muito do apelido.

Foi por isso que nesse ano, em vez das escolhas mais comuns, como basquete ou futebol, Paulo escolheu o atletismo para a sua aula de Educação Física. Levantava-se às seis horas todas as manhãs para correr com o treinador e a equipe de atletismo. Corria todos os dias, mesmo nos fins de semana. Era naquilo que era bom. Talvez não fosse tão forte, ou esperto, ou popular como alguns dos outros colegas, mas seria o melhor corredor que a escola jamais tivera. Talvez isso não fosse muito, especialmente porque a escola dava pouca atenção ao atletismo, mas para ele era importante, por fazê-lo sentir-se especial.

Quando o professor de Educação Física perguntou a cada um dos sete alunos por que tinham escolhido corrida em vez de um dos esportes mais populares, Paulo sabia exatamente o que responder. Declarou que se tornaria o melhor corredor que a escola já tivera. Bateria o recorde da escola nas temíveis 600 jardas (550 metros).

Quando anunciou orgulhosamente o plano, a maioria dos outros alunos apenas zombou dele. Como ele bateria o recorde da escola das 600 jardas? O recorde pertencia a Marco, um rapaz dois anos mais velho do que ele e que era um atleta fenomenal. Marco tinha batido todos os recordes da escola e era incrivelmente forte e musculoso. Além disso, pensou Paulo, Marco era uma pessoa que confiava extraordinariamente em si mesmo. Era um grande jogador de futebol, era bonito, sua namorada era a garota mais bonita da escola e todos gostavam dele.

Talvez tivessem razão. Talvez suas ambições fossem, afinal de contas, apenas uma piada. Como ele poderia bater o tempo de um minuto e trinta e nove segundos do Marco? Eram nove segundos menos do que o melhor tempo que Paulo jamais obtivera. Nove segundos significavam mais do que sessenta metros a mais. Mas ele tinha de tentar. Tinha de tentar.

Esse ano foi difícil para ele. Acordava todas as manhãs às 6 horas para correr, e freqüentemente corria da escola até sua casa, em vez de ir de carro. As notas baixaram um pouco e ele ainda não tinha segurado a mão de uma garota! Mesmo assim, tinha muitos amigos e sentia-se feliz. Se ao menos pudesse bater aquele recorde, pensava.

Ao aproximar-se a data da corrida, seu coração batia mais depressa e sentia um aperto no estômago. Às vezes não conseguia dormir pensando na corrida.

Finalmente, chegou o grande dia. Pelo menos cinqüenta pessoas estavam presentes para ver a corrida. Como Paulo estava dois anos atrás do Marco na escola, não correria diretamente contra ele. Portanto, só o tempo contaria. Paulo gostava disso, porque temia Marco. Tudo o que tinha que fazer era correr as duas voltas e meia ao redor do campo de futebol o mais rápido possível.

Quando os professores o alinharam na linha de partida, seu coração batia como um tambor. Rezou a Deus para que conseguisse.

Logo que a sineta da partida tocou, Paulo desatou a correr como uma gazela. Logo nenhum outro corredor estava perto dele. Sabia, no entanto, que isso não queria dizer coisa alguma. A maioria dos rapazes apenas conseguia correr as 600 jardas em mais de dois minutos. Assim, pôs-se a correr cada vez mais depressa. Quase não tinha tempo para respirar. Tudo o que conseguia fazer era olhar para a pista e esforçar-se o máximo possível.

As magras pernas de Paulo eram como duas baquetas de um tambor, batendo freneticamente a pista. Quando chegou à última volta, até o professor de Educação Física ficou surpreso: Paulo corria a última volta mais depressa do que a primeira! Mas ele conseguiria?

Quando cruzou a linha de chegada, estava com o corpo todo dolorido como se tivesse acabado de ser atropelado por um caminhão. Qual era o tempo? Por favor, alguém tinha de lhe dizer o tempo! Tinha conseguido?

Quando finalmente ouviu qual fora o tempo, não pôde evitar que as lágrimas lhe viessem aos olhos. Um minuto e trinta e um segundos! Tinha batido o recorde de Marco por oito segundos! E tinha batido seu próprio recorde por dezessete segundos! Paulo era o mais feliz e orgulhoso jovem corredor do mundo!

Nesse ano, por uma razão desconhecida, o departamento de Educação Física não afixou os novos recordes da escola, como normalmente fazia. Desse modo, a maioria dos alunos e professores provavelmente nunca ficou sabendo do recorde do Paulo, e Marco nunca deu muita atenção ao fato de o seu recorde ter sido batido. Paulo, então, sentiu-se frustrado, porque queria que todos soubessem o que tinha conseguido. Mas como sabia que a vida nem sempre é justa, acabou aceitando as coisas como elas eram.

Agora, muitos anos depois, Paulo compreende o quanto insignificante foi a falha do departamento de Educação Física. Embora poucos alunos tenham tomado conhecimento do seu feito, isso já não importava mais, porque *ele* soube! Desde aquela tarde, há uma grande e bela "pérola", que lhe dá força, motivação e coragem sempre que precisa. A partir desse momento, deixou de ser o rapaz inseguro que fora antes.

É por isso que, quando as coisas ficam difíceis e Paulo sente que está desistindo, ele puxa esta "pérola" do bolso da frente da sua mente e sorri. Então sabe que é invencível. Apesar das piadas, ele correu as 600 jardas num minuto e trinta e um segundos. Sabe então que pode vencer qualquer desafio. A corrida foi só um momento no tempo, mas foi um momento poderoso, porque o segue onde quer que ele vá e o acompanhará até o dia em que morrer.

Eu sei qual a importância que essa "pérola" teve para o Paulo, porque meus olhos se enchem de lágrimas quando me lembro daquele rapaz magro, todo orgulhoso ao atravessar a linha de chegada. E sei disso porque eu era esse rapaz de 15 anos. Sei porque essa tarde mudou a minha vida.

2. Conte as suas alegrias

"Aqueles que não ouvem a música julgam que o dançarino é louco."

Autor desconhecido

As coisas nem sempre são da maneira como gostaríamos que fossem. Muitos de nós vivem imaginando como seria nossa vida se as coisas fossem diferentes do que são.

Embora esses pensamentos sejam ocasionalmente úteis, muitas vezes só nos impedem de tirar proveito das coisas que de fato *temos*. Digamos que a vida nos deu um limão, mas o que realmente desejávamos era uma laranja. Isso torna o limão inútil? Não podemos pôr-lhe açúcar e torná-lo doce? Não podemos usá-lo ou vendê-lo?

Estamos tão acostumados a desejar as coisas que não temos que, freqüentemente, acabamos não nos beneficiando das coisas que de fato *temos*, às vezes a ponto de nem apreciarmos o que temos.

Não basta simplesmente reconhecer o que se tem. Provavelmente, você compreende que tem muitas coisas de valor na vida. O que quero dizer é que você deve compreender *real-*

mente o que tem e sentir-se grato por isso. Você *realmente* aprecia o quanto já tem?

Por exemplo, você aprecia os seus olhos? Compreende *realmente* quanta sorte tem por poder enxergar? Sente-se feliz por esse dom sem preço? Ao menos sorri? Provavelmente não. Mas se a vida lhe tirasse os olhos, você daria tudo o que tem só para tê-los de volta.

Consideremos agora seus braços e pernas. Você se sente feliz por tê-los? Será que um bilionário qualquer não daria, agradecido, toda a sua fortuna para poder ficar com os seus membros?

Não temos apenas uma ou duas dádivas incríveis – provavelmente temos centenas! Temos olhos, orelhas, nariz, mãos, pernas? Conseguimos ouvir, falar, respirar bem, andar? Conseguimos comer, dormir, saborear a comida, tocar, mexer o corpo? Temos água para beber, comida para comer, uma cama onde dormir, um cérebro para trabalhar? Então, somos extraordinariamente ricos.

Mas vivemos *realmente* como os bilionários que somos? Se fosse assim, ficaríamos tão desesperados quando um(a) parceiro(a) nos abandonasse, quando destruíssemos um carro acidentalmente ou perdêssemos o emprego? Daríamos tanta atenção aos pequenos desapontamentos da vida? Se encontrasse um bilionário chorando por ter perdido uma pequena parte da sua fortuna, você não o consideraria um idiota? Por que, então, a maioria de nós vive como idiotas?

Não me admira que as pessoas sejam tão infelizes! Elas passam a vida inteira à procura de razões para se sentirem felizes, sem perceberem que já são felizes. Será que encontrarão algum dia a felicidade que procuram? Não! Morrerão vazios e infelizes porque, não importa quanta riqueza acumulem, sua sede por mais riqueza nunca acabará. O verdadeiro problema não é o que as pessoas não têm, mas o que não vêem.

"Sentimos a doença,
mas não sentimos a saúde."
THOMAS FULLER

Pare de buscar pela felicidade. Você não a encontrará até deixar de procurá-la. O problema de procurar a felicidade é que ela nos escapa precisamente porque nós a procuramos. Uma pessoa precisa procurar o nariz? Portanto, pare! Cada vez que procura a felicidade, você acaba se distanciando mais dela.

Se o que você já tem não o faz feliz, então aquilo que não tem nunca o fará. A felicidade não é um feito; é uma decisão. Espero que consiga ver isso.

"Se quiser ser feliz, seja."
                                                        TOLSTOI

3. AGARRE O DIA DE HOJE

"A sua vida é feita de anos que nada significam, e de momentos que significam tudo."
                                              AUTOR DESCONHECIDO

Um dia, num restaurante perto da minha casa, cinco homens idosos sentados a uma mesa perto de mim conversavam sobre suas vidas. A conversa era viva e eles estavam entusiasmados.

Descreviam coloridamente episódios extraordinários de suas vidas. Um deles tinha estado na África, durante os anos da guerra colonial. Outro tinha uma vez ganhado uma fortuna na loteria. Cada um deles tinha uma história divertida ou interessante para contar. Mesmo assim, nenhuma das suas histórias me causou alegria. Senti apenas tristeza.

Embora a conversa fosse animada, aqueles pobres homens já não estavam realmente vivendo. Tinham vivido, é verdade, mas tinham aparentemente decidido que as suas vidas estavam terminadas. "No meu tempo...", começava um. "Aquilo é que eram tempos...", concluía outro. Falavam apaixonadamente, mas apenas de glórias passadas. Estavam tão enamorados das "pérolas" do passado que já não procuravam novas "pérolas".

Isso me fez pensar. Será que eles não compreendiam que *esses* eram ainda seus tempos? Não compreendiam que podiam ainda experimentar interesse e alegria? Não compreendiam quantos "dias" estavam jogando fora?

Quantos de nós vivem realmente *hoje*? Vivemos *realmente* o presente, se nos faltar a coragem de assumir riscos razoáveis? Vivemos hoje, se adiarmos nossa vida acreditando que o amanhã trará melhores oportunidades? Vivemos o momento, se nos afundarmos na dor do passado? Quantos de nós vivem como aqueles velhos do restaurante?

O amanhã nunca virá porque hoje já é amanhã – o amanhã de ontem. E muito em breve o amanhã será ontem. Portanto, hoje é tudo o que realmente temos.

Você quer encontrar um novo emprego, deixar de fumar, escrever um livro, ou iniciar uma dieta? Você quer pedir desculpa à sua mãe, ajudar alguém, começar uma nova vida? Faça-o hoje. Quando você se convence de que fará alguma coisa amanhã, está só enganando a si mesmo para evitar o sentimento de culpa causado pela sua falta de ação.

Cada momento que desperdiça esperando pelo futuro faz com que sua vida escoe silenciosamente por entre seus dedos, desaparecendo como areia, grão a grão. Não passará muito tempo antes que você fique sem nada. Então, um dia, acordará e compreenderá que desperdiçou sua vida.

Deixe de fazer alguma coisa *agora* apenas se tiver uma *razão forte* e *objetiva* para acreditar que o futuro trará melhores condições para o seu sucesso.

A história dos seus dias é a história da sua vida. Um dia de cada vez é tudo o que você terá.

Não espere pelo ônibus ou por uma consulta médica. Leia um livro. Aprecie a vista. Faça um novo amigo. Cante. Aprenda alguma coisa nova. Descontraia-se. Faça alguma coisa, mas não diga a si mesmo que está simplesmente esperando que algo aconteça. Quando está à espera, nada acontece. Quando espera, você se esquece de viver.

Será o dia de hoje uma "pérola" que você se lembrará até o dia em que morrer, ou será apenas mais um dia vazio que logo fugirá para a vaga indiferença do passado? Você pode esperar pela vida, mas a vida não esperará por você.

"Defenda bem os seus momentos livres,
pois são como diamantes brutos."

RALPH WALDO EMERSON

4. NÃO LAMENTE COISA ALGUMA

"Não permita que o dia de ontem ocupe o dia de hoje."

WILL ROGERS

Assim como nós, silenciosamente, desperdiçamos nossa vida quando esperamos pelo futuro, também desperdiçamos nossa vida quando lamentamos o passado.

Pronto, cometeu um erro. Disse uma coisa que não devia ter dito ou cometeu um ato estúpido e imperdoável. Lamentar-se fará com que você volte no tempo e modifique o que fez? Lamentar-se o tornará uma pessoa melhor ou mudará o que já aconteceu?

Se puder reparar o mal que fez, então faça-o. Mas é uma completa perda de tempo desejar não ter feito o que já fez. Você não pode mudar o que já está feito. Só pode decidir o que quer fazer agora. Se quiser melhorar sua situação, aprenda com os erros passados. Os lamentos são inúteis e só conduzem a mais frustração e dor.

5. NÃO SE PREOCUPE E ACEITE O INEVITÁVEL

> "Se não gostar de alguma coisa, modifique-a. Se não puder modificá-la, mude a sua atitude. Não se queixe."
>
> MAYA ANGELOU

Cada vez que você decide mudar alguma coisa na sua vida, há duas possibilidades: ou a mudança é possível ou é impossível. Em ambos os casos, afligir-se não ajuda, porque nunca muda as duas alternativas básicas.

A palavra "afligir-se" tem um sinônimo que retrata exatamente a inutilidade de afligir-se. Essa palavra é "preocupar-se". Veja, ou nos ocupamos com alguma coisa ou não. Mas, quando nos afligimos, "*pré*-ocupamo-nos". Nem nos ocupamos com a situação, nem nos libertamos do seu peso.

Mas não confunda "afligir-se" com planejar ou pensar. Quando você se "aflige", coloca-se numa posição de stress emocional; quando planeja ou pensa, simplesmente utiliza o cérebro como uma ferramenta.

Com o tempo, "afligir-se" transforma-se numa carga insuportável. "Afligir-se" adiciona às responsabilidades de hoje as cargas de ontem e os fantasmas de amanhã. "Afligir-se" tira a iniciativa e a visão de você. Arruína a sua alegria de viver, provoca rugas, cria problemas de saúde e o torna ineficaz.

Além disso, faça o que fizer, muitas situações não mudam. Por exemplo, você pode acreditar que é muito baixo, pode ter uma doença incurável, pode ser deficiente ou cego.

Se você puder fazer algo para melhorar a sua situação, então faça agora. Se não há nada que possa fazer, aprenda simplesmente a aceitar as coisas como elas são. Simples assim. Portanto, deixe de se preocupar, aceite o inevitável e continue com a sua vida!

6. Não se compare com os outros

Outro mau hábito que nos impede de viver no presente é a tendência de nos compararmos com os outros.

Cada indivíduo segue seu próprio processo de desenvolvimento pessoal, com o seu próprio ritmo e velocidade. Cada um de nós é presenteado com nossos próprios talentos e falhas e também cada um de nós reage com base nas nossas próprias experiências passadas.

Portanto, cada pessoa é absolutamente única em todos os aspectos de sua existência. Comparar pessoas é tão ridículo como comparar peixes-espadas com papagaios.

Se somos únicos, por que medimos o nosso valor pelo que os outros pensam de nós? Tinham Sócrates, Copérnico, Platão, Galileu ou Jesus Cristo menos valor porque a maioria das pessoas discordava deles? Imagine quanto a humanidade teria perdido se esses indivíduos tivessem posto as opiniões dos outros acima das suas!

É claro que podemos aprender observando os outros, mas isso não quer dizer que devemos competir com eles ou dependemos deles para aprender. Quem teria ensinado Gandhi, Beethoven ou Newton? Onde está o mestre que teria ensinado Spielberg ou Chaplin? Quem será capaz de ensinar a si mesmo?

Ninguém sabe o que você conseguirá alcançar na sua vida; nem mesmo você saberá se não tentar. Se você se comparar com os outros, sufocará a sua iniciativa e matará a sua individualidade. Tais comparações o destruirão, porque você é único no universo.

Se tem coragem de ser você mesmo, então você vive no seu próprio presente. Se se compara com outras pessoas, então você rejeita seu presente e torna-se uma sombra, uma marionete e uma farsa.

Nunca se compare com outras pessoas. Aceite-se como você realmente é.

7. Respeite o fluir da vida

"Não olhe para trás com raiva, nem para a frente com medo, mas à sua volta com consciência."

Ross Hersey

Todos nós temos planos, desejos e sonhos. Todos nós trabalhamos duramente na esperança de que o futuro nos traga as coisas que queremos.

Infelizmente, muitas vezes a vida nos nega os nossos desejos. O comprador não confirma a encomenda; a pessoa para a qual telefonamos três vezes não nos retorna a ligação; o patrão não nos dá aquela tão esperada promoção, e o sinal de trânsito fica vermelho quando nos aproximamos.

Embora não seja óbvio à primeira vista, nossos desapontamentos não provêm realmente do mundo e das outras pessoas. Os desapontamentos provêm das nossas próprias ilusões e expectativas.

Uma outra palavra para decepção é "desilusão". "Desilusão". Não podemos ser "des-iludidos" a menos que, primeiro, tenhamos tido uma ilusão. A causa dos nossos desapontamentos está dentro de nós. Sentimo-nos desapontados porque, em vez de humildemente aceitarmos que a vida tem sempre a última palavra, criamos ilusões e expectativas sobre como as coisas têm de ser antes de acontecerem.

Em vez de nos ligarmos emocionalmente aos nossos objetivos, devemos aprender a nos desligarmos deles. Ter *intenções* e fazer o melhor para satisfazê-las está correto; só quando criamos *expectativas* acerca do modo como as coisas devem desenrolar-se é que corremos o risco de ter problemas.

A distinção entre intenções e expectativas parece ser sutil, mas não é. Quando temos intenções, nosso centro de gravidade emocional está no presente, onde deve estar. Queremos algo, mas sabemos que nem sempre poderemos ter. Como conseqüência da nossa compreensão do fato, instintivamente não permitimos que a nossa felicidade dependa da realização do nosso desejo.

Quando temos expectativas, ocorre exatamente o oposto: nosso centro de gravidade emocional está no futuro, ligado ao nosso desejo. Embora ainda nada tenhamos, cremos que satisfaremos nosso desejo.

A pessoa que tem intenções não se sente desapontada, frustrada ou zangada porque vive no presente e aceita as coisas como elas são. A pessoa que tem expectativas está constantemente ansiosa e agitada, porque a sua vida é freqüentemente cheia de perdas emocionais.

"Muitas vezes estamos tão absorvidos pelo
destino da nossa viagem, que nos esquecemos
de apreciar a própria viagem."

AUTOR DESCONHECIDO

É ingênuo ter expectativas porque, desse modo, ignora-se um fato importante da vida: aquilo que parece ser sorte freqüentemente termina em azar, e o que parece ser azar muitas vezes acaba em sorte.

É BOA OU MÁ SORTE?

As capacidades humanas são muito limitadas para nos permitirem realmente compreender todo o significado dos acontecimentos da vida. Perder um avião pode salvar a nossa vida; ser despedido de um emprego pode nos levar a iniciar um negócio que nos torna ricos; conhecer uma pessoa maravilhosa pode ser a causa de sermos infectados com uma doença incurável; e quebrar uma perna pode nos levar a conhecer, no hospital, a nossa futura esposa ou marido ou impedir que sejamos recrutados para uma violenta guerra.

Em vez de nos sentir confusos ou frustrados quando nossos planos não se concretizam, deveríamos aprender a aceitar calmamente as coisas como elas são. Não faz sentido nos irritar com as coisas quando não sabemos se, num último momento, o resultado será bom ou mau. Além disso, o desapontamento nos rouba a paz de espírito e nos impede de reconhecer valiosas oportunidades.

Faça planos, mas evite a tentação de procurar adivinhar os próximos capítulos da sua vida. No devido tempo, a vida dirá no seu ouvido. Então – e só então – você terá a oportunidade de cavalgar a magnífica onda da vida. Se assim não fizer, não se admire se sentir que está se afogando. É uma grande onda.

Para se sentir realizado e em harmonia, você deve aprender a respeitar o fluir da vida, evitar criar expectativas e deixar de rotular as coisas como "boas" e "más".

8. Incerteza: o alicerce da vida

"Os acidentes não se limitam a acontecer.
Acontecem por uma razão.
Cabe a cada um de nós criar o significado positivo
que esses acidentes têm para nós."

PETE ZAFRA

A maioria das pessoas odeia a incerteza. A incerteza, no entanto, é a própria essência da vida. Sem incerteza, a vida não teria um propósito.

Imagine se fosse possível saber, antes do dia do casamento, que dentro de três anos você estaria divorciado. Você se casaria? Imagine que pudesse prever que seu novo projeto falharia. Você se levantaria cedo para ir trabalhar? Imagine que, antes de ir a uma entrevista de emprego, você pudesse prever que não seria contratado. Você vestiria o seu melhor terno e se apressaria para chegar a tempo?

Sem incerteza, a vida seria insuportavelmente tediosa! Sem incerteza a vida não seria a vida.

Não é por acaso que o universo lançou um véu de incerteza e mistério sobre o nosso futuro. É a extraordinária maneira que o universo tem de assegurar que vivamos no presente e a sua maneira de nos proteger contra as dificuldades do futuro. A incerteza assegura que cada novo dia traga consigo o doce gosto da descoberta e garante que nunca saberemos demais. É a maneira de o universo se certificar de que somos livres para falhar e para aprender. É a maneira de o universo nos dar vida – um dia de cada vez.

É claro que é útil criar segurança em algumas áreas da nossa vida, mas é importante nunca esquecer que a certeza e a segurança são a exceção, não a regra. A única certeza que teremos na vida é que um dia morreremos.

A incerteza é às vezes assustadora, mas só porque não aprendemos a apreciar as oportunidades sem limites ou a nos sentirmos gratos pelo seu incalculável apoio.

Da mesma maneira que as mais brilhantes cores são opacas sem luz, a vida também seria deprimente e monótona sem a incerteza. Portanto, não se revolte contra ela; abrace-a e sinta-se grato pela proteção e excitação que ela lhe proporciona.

"As dificuldades que sentimos
sempre iluminam as lições
de que mais precisamos."

AUTOR DESCONHECIDO

PERGUNTAS E EXERCÍCIOS

1. Se você soubesse que vai morrer no próximo ano, faria as mesmas coisas que está fazendo hoje? Se não faria, por que não?

2. Que "carvões" você carrega desnecessariamente dentro de si? Que "pérolas" está desprezando?

3. Pergunte a si mesmo todas as manhãs: "Que coisa especial vou fazer hoje para que esse dia valha a pena ser vivido?"

4. As expectativas causam desilusão. De que expectativas você precisa desembaraçar-se?

5. Imagine que, de repente, você descobrisse que só tem mais dez minutos de vida. A quem telefonaria e o que diria? O que você está esperando?

6. Aprenda a contar suas alegrias e sinta-se grato por elas todos os dias, quando acorda, e todas as noites, antes de ir para a cama.

7. Com quem você tem se comparado ultimamente? Deixe de se comparar e de se desvalorizar e aceite-se como você é.

8. Contra que coisas inevitáveis você está lutando? Aceite o inevitável e siga sua vida.

9. Que lamentos desnecessários você carrega dentro de si?

10. Com que freqüência você se irrita quando, ingenuamente, rotula os eventos da sua vida como "bons" ou "maus"? Quantas oportunidades você perde em conseqüência disso?

11. Com que freqüência você desperdiça seu tempo dizendo a si mesmo que deve esperar por alguma coisa ou alguém? Transforme os momentos de espera em oportunidades. Já.

CONCLUSÃO

Viver no presente exige muito mais do que simplesmente "ganhar o dia". Viver no presente é um estado de harmonia com o universo e conosco e uma atitude de aceitação e flexibilidade em relação à vida.

Para viver no presente devemos nos conscientizar de onde estamos e das muitas dádivas que já possuímos – e sermos gratos por elas. Devemos aceitar nós mesmos e às nossas circunstâncias e aprender a cavalgar sobre a onda da vida, em vez de lutarmos contra a maré.

Viver no presente é um estado de liberdade, um estado sem futuro nem passado, no qual damos as boas-vindas à vida sem apreensão, preocupações, lamentos ou dúvidas. Quando você aprenderá a viver como se deve, um dia de cada vez?

A DÁDIVA DO AMOR

"Se conseguisse amar bastante,
você poderia ser a pessoa mais poderosa do mundo."

EMMETT FOX

Há muitas e diferentes espécies de amor como há diferentes tipos de pessoas. O amor pode ser um forte sentimento de afeição e carinho pela pessoa que se ama. Pode ser um sentimento dominador de paixão e desejo. O amor pode ser um sentimento de respeito e gratidão, ou simplesmente um sentido de união, unidade e pertencimento. Há o amor entre os casais, entre os namorados, entre os amantes, entre os pais e filhos e entre os amigos. O amor assume uma variedade de aspectos e formas e também varia muito na sua intensidade e força.

Todo amor tem um traço comum, uma qualidade constante. Quando amamos verdadeiramente, nos sentimos em paz. Quando amamos verdadeiramente, somos inundados por mágicos sentimentos de harmonia e compatibilidade. Nenhuma outra emoção nos leva a essas alturas ou tem esse poder. Por amor, sacrifício algum é demasiado grande, porque nenhuma causa é mais importante.

Todo e qualquer ser humano adora o amor e se sente abençoado quando tocado pela sua magia. Coincidentemente, nenhum outro sentimento causa tanta dor, sofrimento e destruição como o amor. Nenhum outro sentimento nos deprime mais e destrói mais vidas do que o amor.

Como algo tão maravilhoso pode ser, ao mesmo tempo, tão devastador? Devemos pagar um preço tão alto para nos beneficiar das graças do amor? Por que permitimos que o amor aconteça e como podemos evitá-lo?

A Dádiva do Amor procura responder a essas e outras perguntas e revelar os eternos segredos do amor. Prepare-se para redescobrir a força mais poderosa do mundo.

ADVERTÊNCIA

Este capítulo perturbará algumas pessoas, porque questiona a sinceridade de muitas relações chamadas "amorosas". Mesmo que o conteúdo deste capítulo seja desconfortável, ele o ajudará a vencer os medos e a construir um amor mais forte, mais profundo e mais rico.

Tudo o que é afirmado em relação ao amor aplica-se igualmente à amizade.

* * *

Antônio e Patrícia se conheceram numa festa. Antônio tinha 26 anos e acabara de formar-se em engenharia. Patrícia, 23 anos, ensinava inglês. Foi amor à primeira vista. No dia seguinte começaram a namorar.

Três meses depois, decidiram viver juntos. Estavam um pouco preocupados a princípio, porque nenhum deles vivera antes com alguém. Mas tudo correu perfeitamente. Gostavam realmente de viver um com o outro. Estavam profundamente apaixonados.

Dois anos depois, o amor mútuo continuava. O relacionamento desenvolvera-se, tinham-se tornado inseparáveis. Sabiam que tinham nascido um para o outro.

Um dia, Antônio foi despedido do emprego. Patrícia, ao contrário, tinha acabado de ser promovida, por isso se ofereceu para ajudá-lo até que ele encontrasse um novo emprego.

Antônio levou cinco meses para encontrar um bom emprego. Seria engenheiro-chefe numa pequena firma de construção e ganharia mais do que o dobro do que ganhava. Ele ficou extremamente feliz, e Patrícia sentiu-se aliviada. A vida parecia perfeita mais uma vez.

No entanto, durante os meses em que Antônio esteve desempregado, tinha andado muito nervoso e inseguro e tivera um caso de duas semanas com Cláudia, uma ex-namorada. Tudo aquilo não teve nenhum significado para ele – nada mais do que uma fuga às suas frustrações –, mas nunca contou à

Patrícia. Por que magoá-la desnecessariamente? Mas agora isso pairava sobre a sua cabeça como uma maldição.

Por acaso, Maria, uma velha amiga da Patrícia, tinha visto Antônio e Cláudia beijando-se três meses antes. Naquela ocasião, Maria nada dissera à Patrícia, porque presumiu que Antônio não namorava mais com ela.

É claro que Maria acabou contando à Patrícia, que ficou muito magoada. Ela pagara as despesas pessoais dele e, ao mesmo tempo, ele encontrava-se com outra garota! Patrícia sentiu-se duplamente traída, era como se ele lhe tivesse arrancado o coração e pisado sobre ele. Vivera uma mentira!

Patrícia não conseguia olhar para o Antônio sem chorar. Então, arrumou a mala e foi morar com a mãe.

Antônio não sabia o que fazer. Como ele podia fazê-la acreditar que aquela aventura tinha durado apenas alguns dias e que tinha terminado há muito tempo? Como ele podia fazê-la compreender que ele tinha cometido um erro e que ele a amava? Ele telefonou para seu novo patrão e disse-lhe que teria de ausentar-se do trabalho durante uma semana por causa de uma terrível constipação. Ele precisava de tempo para pensar.

Passou-se um mês, mas nada mudou. Patrícia estava tão magoada que se recusava a falar com ele, mesmo pelo telefone. Antônio, por outro lado, sentia-se frustrado e zangado. Por que ela, ao menos, não deixava que ele se explicasse? Como ele poderia se desculpar, se ela recusava todas as suas tentativas para entrar em contato com ela? Tinha cometido um erro terrível, mas não era nenhum criminoso!

Passou-se outro mês, e Patrícia ainda se recusava a falar com ele. Antônio já não agüentava mais. Se ela não queria perdoá-lo, não havia mais nada que ele pudesse fazer. Ele a amava muito, mas não podia esperá-la para sempre. Assim, escreveu-lhe uma carta explicando tudo o que havia acontecido, pedindo-lhe para visitá-la dentro de uma semana, se ela ainda quisesse o seu amor. Foi muito difícil para ele chegar a esse ponto, mas não podia agüentar o silêncio dela. A situação estava matando-o pouco a pouco.

Patrícia não telefonou e Antônio, sentindo-se muito magoado, culpado e muito orgulhoso para continuar tentando, também nunca mais lhe telefonou. Eles nunca mais falaram um com o outro.

1. A NATUREZA DO AMOR

Como tudo no universo, o amor é uma forma de energia. Mas o amor é uma forma de energia extraordinária. Dar amor aos outros ultrapassa qualquer outra dádiva, porque, quando damos amor, o damos a nós mesmos. O amor é a mais elevada e mais compensadora maneira de dar de que um ser humano é capaz.

A tentativa de amar os outros pode, no entanto, transformar-se também numa fonte de desapontamento e de dor. Por ser uma forma de energia, o amor pode também nos esgotar, se não for retribuído. É por isso que compreender o amor é de suma importância para se ter uma vida feliz e realizada.

2. O PODER DO FLUIR

A força do amor vem primariamente do seu fluir cíclico entre duas pessoas e não só da pessoa que ama. Desse modo, mesmo que nossos recursos de prazer e de energia sejam pequenos, nosso amor pode ser tremendamente poderoso.

Para compreender o amor, pense no papel desempenhado pelo sangue no corpo humano. O sangue alimenta o corpo, leva-lhe oxigênio, elimina elementos nocivos e desempenha inúmeras funções. Sem ele, não podemos sobreviver. Mas pode um sangue saudável, por si só, nos manter vivos? Não. O sangue precisa correr e circular, do contrário, morreremos.

Da mesma maneira, o verdadeiro poder do amor tem origem na intensidade da sua circulação entre duas pessoas. É por isso que é tão importante darmos nosso amor à pessoa certa.

Quando amamos uma pessoa que, por sua vez, nos ama, os nossos recursos energéticos são renovados e reforçados. Do contrário, quando amamos uma pessoa que não corresponde ao nosso amor, nossos recursos esgotam-se. Então, sentimo-nos vazios, sozinhos e deprimidos.

Outro exemplo do poder da circulação é o ciclo da água na natureza. Primeiro, a água cai sob a forma de chuva, formando riachos e pequenos rios. Então esses rios correm para o mar, que os absorve. Depois disso, a água do mar evapora-se para o céu, criando nuvens. Finalmente, a água cai como chuva para recomeçar o seu ciclo mais uma vez.

Como o ciclo da água na natureza, o amor que flui é poderoso porque é uma fonte inesgotável de energia. Embora um pingo de água seja diminuto, esse mesmo pingo de água irrigará centenas de campos e ajudará a criar centenas de riachos, rios e nuvens. Esse mesmo pingo de água, eventualmente, matará a sede de centenas de pessoas, e centenas de plantas e animais dependerão dele para sobreviver.

É apenas um pingo de água, mas é poderoso porque está constantemente fluindo. Sozinho é pequeno, insignificante, mas fluindo pode juntar-se a outros pingos para criar o poderoso rio Amazonas ou o rio Nilo.

O amor precisa fluir como a água na natureza para se tornar poderoso. Sem esse fluir, a força do amor é limitada e frágil.

3. Os perigos do amor sem fluir

O amor que não flui pode ser doentio. Se amamos alguém mas esse amor não é correspondido, logo esgotaremos nossos recursos energéticos. Portanto, a menos que tenhamos muitos outros recursos energéticos na vida, devíamos evitar focar nosso amor, durante muito tempo, em quem não o retribui. De outro modo, em breve começaremos a nos sentir sem valor, vazios e solitários.

Sim, podemos e devemos gostar de todas as pessoas, mas jamais deveríamos tentar amar todas as pessoas, especialmente aquelas que não correspondem ao nosso amor. Dê amor prudentemente, não só porque exige tanta energia, mas também porque, quando dá amor à pessoa errada, pode estar privando pessoas que são mais merecedoras dessa dádiva incalculável.

4. Amor condicional e incondicional

Às vezes o amor que damos aos outros é meramente um reflexo do amor que nos dão. Esse amor condicional é o tipo mais comum de amor, porque a maioria das pessoas não dispõe de muitas reservas de energia para sustentar o preço elevado do amor incondicional.

O amor condicional exige menos do que o amor incondicional. A energia necessária para sustentar o amor condicional vem do seu fluxo entre duas pessoas, enquanto a energia necessária para sustentar o amor incondicional vem apenas da pessoa que o dá. O amor condicional sustenta a si mesmo e não implica investimento de energia; o amor incondicional exige um constante investimento de energia para existir.

Contudo, o amor incondicional possui poderes para além da esfera de ação do amor condicional. O amor incondicional consegue parar guerras e conflitos; o amor condicional muitas vezes não consegue o mesmo. O amor incondicional pode transformar inimigos em aliados; o amor condicional raramente consegue o mesmo; o amor incondicional pode dar origem ao perdão e à caridade; o amor condicional não pode. O amor incondicional pode restaurar a saúde e curar; o amor condicional muitas vezes não consegue tal feito. O amor incondicional gera crianças saudáveis e autoconfiantes; o amor condicional, não.

Quando damos amor incondicional, damos energia a quem o recebe. Quando damos amor condicional, há um ganho em bem-estar e harmonia, mas é meramente o resultado de uma troca de energia. Essa distinção é particularmente significativa, porque em certas situações as pessoas precisam de uma infusão de energia para recuperar o equilíbrio energético ou para assegurar o desenvolvimento e crescimento normais. Isso é especialmente verdade no que se refere a crianças, indigentes e pessoas doentes ou revoltadas.

Apesar disso, tanto o amor condicional como o incondicional são necessários. O amor condicional é necessário para o nosso bem-estar e felicidade emocionais do dia-a-dia; o amor incondicional é vital para vencer conflitos, ajudar quem precisa e criar a paz.

5. As ilusões do amor

Muitas pessoas se voltam para o amor para compensar os problemas e medos em outras áreas de suas vidas.

É por isso que é tão fácil nos apaixonarmos. É claro que muitas vezes não estamos realmente apaixonados, mas isso não parece importar, desde que a crença de que estamos apaixonados nos ajude a fugir dos nossos medos. *Para muitas pessoas, a magia do amor não é originada pelo que ele nos traz, mas pelo que ele não nos deixa ver.*

Do mesmo modo, a dor da ruptura é, freqüentemente, não só causada pela perda do amor, mas também pela renovada consciência de todos os medos que ainda nos atormentam. O verdadeiro desafio da ruptura exige, uma vez mais, que enfrentemos nossos medos de estarmos sós, de não sermos suficientemente capazes, de envelhecer e tantos outros medos. É por isso que as rupturas são geralmente tão traumáticas e é por essa razão que tantos relacionamentos se assemelham mais a penas cumpridas numa prisão do que com acordos voluntários.

Essa espécie de amor não é saudável. O amor não deve ser usado como uma venda, como uma solução de problemas ou como proteção para os nossos medos; o amor deve ser o resultado da harmonia, amizade e cuidado com a pessoa que se ama.

O amor não resolve os nossos problemas nem serve para ocultar os nossos medos. Estes apenas parecem menos aflitivos por causa da aura luminosa do amor. Para resolver definitivamente nossos problemas ou aplacar nossos medos, temos de lidar com eles diretamente.

Embora o amor traga mais segurança, direção e felicidade à nossa vida, ele não deve se tornar a fonte primordial da nossa segurança, direção e felicidade. Essas coisas devem depender apenas de nós! Do contrário, o mesmo amor que agora nos faz sentir fortes e felizes, pode em breve nos fazer chorar.

Podemos *querer* amar, mas não *precisamos* do amor para ser felizes. Somos a razão da nossa felicidade, não os outros. Já temos o bolo. O amor é apenas a cobertura, por mais deliciosa que seja.

Você está se apaixonando para evitar os seus problemas?

> "Se a nossa felicidade depende do que
> outra pessoa faz... então temos um problema."
>
> RICHARD BACH

6. O AMOR EM SI NÃO É SUFICIENTE PARA SUSTENTAR UM RELACIONAMENTO

Para realmente se beneficiar da magia do amor, não basta apenas que duas pessoas se amem. E para beneficiar-se dessa magia, ambas devem estar aptas a *viver* seu amor. Em outras palavras, devem ser capazes de manter uma relação. Devem concordar sobre os termos em que se amam – e isto é freqüentemente difícil. Permita-me dar um exemplo.

Nélson e Francesca estavam juntos há muito tempo. Embora Nélson amasse Francesca, ainda sentia desejo por outras mulheres e odiava-se por isso. Francesca também o odiava pelo mesmo motivo. Mas os desejos de Nélson eram mais fortes que sua vontade e, muitas vezes, ele fazia coisas das quais se arrependia.

Será que Nélson pode realmente amar Francesca mesmo desejando outras mulheres? Será que Francesca realmente ama Nélson? A resposta é sim para as duas perguntas. O amor não escolhe necessariamente o melhor momento para entrar na nossa vida. Às vezes, estamos totalmente despreparados para amar e, sem nos darmos conta, conhecemos a pessoa certa.

No entanto, não devíamos entrar numa relação séria só por amarmos alguém.

Se o desejo de Nélson de estar com outras mulheres é apenas um capricho, com certeza ele pode mudar esse comportamento. No entanto, se seu desejo fizer parte da sua essência, então Nélson não deve continuar esforçando-se para evitar outras mulheres. Ignorar nossas necessidades biológicas e psicológicas pode, às vezes, parecer desejável, mas essas atitudes podem facilmente dar origem a problemas futuros graves. É certamente tentador acreditar que podemos decidir ser quem desejamos ser – e de fato é possível. Mas valerá realmente a pena, se o preço a pagar for um profundo descontentamento emocional ou a sensação de estarmos presos numa camisa-de-força?

Por que Nélson não está pronto para ter um relacionamento sério com Francesca? Afinal de contas, ele a ama. A razão é simples: o *amor não é suficiente para sustentar uma relação com êxito*. Para que um relacionamento seja bem-sucedido, devemos ter estabilidade emocional suficiente para viver com o nosso parceiro, seja qual for o acordo que tivermos com ele. Isso geralmente significa que devemos reprimir nossas tentações de solteiro.

Se, por exemplo, Francesca aceitar – tácita ou explicitamente – que Nélson se encontre ocasionalmente com outras mulheres, eles podem ter uma boa relação. Se Nélson não precisar passar seu tempo com outras mulheres, a relação deles também será possível. De outro modo, ou Nélson terá que mentir, ou as coisas não correrão muito bem. Precisamos mais do que amor para ter uma relação. É preciso que nos comprometamos *com* os termos dessa relação para que ela dê certo.

O compromisso é a derradeira expressão da liberdade, porque um compromisso exige que sejamos suficientemente livres para renunciar a muitas coisas em nome de uma única coisa. É comum uma pessoa não ter atingido ainda esse nível de liberdade. Se for esse o caso, isso não tem necessariamente a ver com a idade ou o sexo do indivíduo e não há nada de errado nisso. Pode ser simplesmente que a pessoa em questão tenha primeiro de atender a outros conflitos, frustrações ou ansiedades pessoais mais urgentes. Não significa que a pessoa não ame o seu parceiro; significa apenas que ela não está pronta para amar unicamente a ele.

"Uma boa relação não é apenas
o resultado de encontrar a pessoa certa;
mas antes o resultado de ser a pessoa certa."

AUTOR DESCONHECIDO

Está mesmo preparado para ter uma relação exclusiva?

A tomada de consciência de que não estamos prontos para amar uma pessoa só é, freqüentemente, um lento e doloroso processo. Quanto mais forte for o nosso amor, mais tempo lutaremos contra os gritos do nosso corpo e da nossa mente por liberdade, e mais nos esforçaremos para negar nossas necessidades. Pode levar meses ou anos para nos conscientizarmos das necessidades do nosso corpo e da nossa mente.

Embora a nossa tomada de consciência possa levar muito tempo, devemos revelar imediatamente nossa confusão de sentimentos e nossos esforços interiores ao nosso parceiro. Não há nada de errado no modo como nos sentimos, mas é injusto não nos abrirmos com a outra pessoa. Nosso parceiro merece saber os riscos que deverá assumir.

Eu sei disso muito bem, porque, quando conheci a mulher certa, não estava pronto para amá-la exclusivamente. Eu sei bem porque, embora a amasse, minhas outras necessidades pessoais não me permitiram comprometer-me com uma relação exclusiva e foi por isso que a perdi.

Embora chore, às vezes, por tê-la perdido, sorrio por dentro porque fiz o que era certo. Eu a amava, mas não estava pronto para amá-la exclusivamente e foi isso que disse a ela. Mesmo tendo levado três anos e meio para admitir para mim mesmo (e para ela) que não estava pronto, tive a sorte de me confessar para ela antes que fosse tarde demais. Perdemos o nosso amor, mas teremos sempre a nossa amizade.

7. Seja cruel para ser bom

Você pode ser tentado a permanecer numa relação por receio de magoar seu parceiro. Pode continuar a viver uma mentira, na esperança de que, de algum modo, as coisas mudem e que tudo se resolva um dia.

Mas, ao procurar proteger seu parceiro, você o ferirá ainda mais. A ignorância temporária da verdade não protege, só produz uma desilusão mais profunda e nega aos outros o direito de se tornarem mais maduros e seguirem com as suas vidas.

Se você não estiver pronto para se relacionar com alguém, liberte essa pessoa. Não importa se o faz no altar ou na rua, desde que diga à pessoa em questão como você realmente se sente.

Sim, ser verdadeiro magoará a outra pessoa. Sim, você pode ser chamado de idiota ou coisa pior – mas, pelo menos, você será um idiota responsável.

Você deixaria de limpar uma ferida só porque o medicamento arde? Você não tomaria um remédio repugnante que o poupasse de um sofrimento futuro? A pessoa que o ama não merece menos. Talvez vocês fiquem juntos no futuro, talvez não. No entanto, seja qual for o resultado, se você for honesto, poderá sempre se recordar desse fato e sentir-se bem consigo mesmo, pois teve a coragem de dizer a verdade.

8. Desenvolva a independência para cultivar o amor

O amor é uma manifestação da liberdade. Portanto, se quisermos ter um amor saudável, devemos primeiro ser independentes. Antes de amar, temos de aprender a nos sentir felizes, mesmo que sós.

Quanto menos independentes formos, menos liberdade teremos para amar outras pessoas – porque *precisamos* delas. Quanto mais independentes formos, mais liberdade teremos para amar outras pessoas.

Porém, conseguir independência não é só importante por termos mais liberdade para amar nosso parceiro. Conseguir independência é igualmente importante para que *seu parceiro* tenha mais liberdade para amá-lo. Amar não é apenas sentir-se livre para dar, amar é também permitir à outra pessoa a liberdade de dar.

A menos que os parceiros se sintam livres para partir, nenhum deles será livre para ficar. Se nenhum deles é inteiramente livre para ficar, então a relação não é uma verdadeira expressão de amor, mas apenas uma fachada que encobre a solidão, a insegurança ou o medo.

Se você quiser uma relação de amor forte, não só deve construir sua independência emocional e financeira, como também deve assegurar que seu parceiro se torne independente.

O amor é uma planta delicada que precisa de independência para crescer e florescer. Desse modo, enquanto cultivar sua independência, ajude seu parceiro a cultivar a independência dele, também.

DICA

Comece a procurar seu parceiro para a vida inteira antes de sentir o desejo de se casar.
Muitas pessoas começam a procurar um(a) parceiro(a) quando sentem a urgência de sossegar. No entanto, a essa altura já estão, em geral, receosos de não encontrar a pessoa certa. Por isso, freqüentemente se convencem que encontraram a pessoa certa e acabam se casando com a pessoa errada.

Um casamento bem-sucedido resulta de se encontrar a pessoa certa, não do mero desejo de casar-se. Portanto, comece a procurar a sua alma gêmea muito antes de querer se casar.

PERGUNTAS E EXERCÍCIOS

1. O seu amor é baseado na independência e na liberdade ou é uma venda que temporariamente oculta seus medos e inseguranças?

2. Você dá o seu amor à pessoa certa ou está jogando fora, estupidamente, a sua mais bela dádiva?

3. Você está pronto para a relação que tem? Ou acredita que está pronto porque conheceu a pessoa certa no momento errado ou porque não quer desapontar seu parceiro?

4. Embora não seja necessário exprimir verbalmente todos os seus sentimentos ao seu parceiro, você deve procurar mostrar-lhe – explícita ou tacitamente – o que sente a respeito dos mais importantes aspectos da relação de vocês. Você demonstra seus verdadeiros sentimentos ao seu parceiro? Se não demonstra, por quê?

5. Você tem recursos de energia suficientes para amar incondicionalmente ou seu amor é sempre condicional? De que modo você pode renovar suas reservas de energia e melhorar a sua capacidade de amar?
6. Você quer realmente ficar com a pessoa com quem está ou está simplesmente com medo de lhe dizer o que realmente sente? Não se esqueça: às vezes é preciso ser cruel para ser caridoso.

CONCLUSÃO

O amor é a maior dádiva que podemos oferecer e é o sentimento mais compensador da vida. No entanto, para alcançar seu inteiro potencial, o amor deve fluir livremente entre duas pessoas e deve resultar da independência, não do medo ou da insegurança.

O amor é condicional ou incondicional. O amor condicional é a forma habitual do amor e tem de ser correspondido para existir. O amor incondicional é dado sem a expectativa da troca e exige grande investimento de energia daquele que o dá. Embora essas formas de amor sejam muito diferentes, ambas são importantes para a nossa felicidade.

Se o amor não é correspondido, a nossa energia fica esgotada de modo que nos sentimos vazios, perdidos e solitários. É por isso que é tão importante darmos nosso amor à pessoa certa e é por isso que o amor incondicional é tão raro.

O amor contribui, e muito, para a nossa felicidade. Apesar disso, o amor também pode nos magoar quando nos impede de enfrentar os nossos medos, quando o damos incondicionalmente por muito tempo, quando nos impede de sermos verdadeiros por medo de desapontarmos os outros ou quando é um vício em vez de uma escolha independente.

O amor pode dar mais significado e alegria à nossa vida ou pode torná-la deprimente e triste. Como qualquer fonte de energia, o amor tem potencial para o bem ou para o mal. Seja cuidadoso para escolher o caminho certo.

A DÁDIVA DA MORTE

"Nós não somos seres físicos com uma experiência espiritual; somos seres espirituais com uma experiência física."

AUTOR DESCONHECIDO

Todos nós nascemos com uma condição: teremos de morrer um dia. Das muitas coisas que podem nos acontecer, a morte é a única certeza absoluta do nosso destino. Não importa quanto dinheiro acumulemos ou influentes sejamos, a morte virá ao nosso encontro do mesmo modo que irá ao encontro do mais pobre dos mendigos e da mais piedosa das almas.

Não obstante, se há um único acontecimento que a maioria das pessoas teme mais do que qualquer outro, esse acontecimento é a morte. No entanto, é em vão que tememos a morte, porque ela é inevitável. Quando tememos a morte, vivemos com um inútil e desconfortável sentimento de antecipação e impotência, porque sabemos que jamais poderemos escapar às suas garras.

Mas retrocedamos um momento. O que é a morte? Por que devemos morrer? Por que tememos a morte e como podemos vencer o nosso medo? Essas são as questões que a Dádiva da Morte tentará explicar.

* * *

Desde que seu país fora ocupado, Miguel vivia sempre num lastimoso estado de terror. Pertencer a uma minoria étnica perseguida durante uma guerra constituía uma existência dolorosa.

Primeiro, foi expulso da Universidade. "Lamento, mas você já não é bem-vindo aqui", foram as últimas palavras do reitor. Depois, aos poucos, os amigos deixaram de falar com ele. "Não posso ser visto com você. É muito perigoso. Lamento", desculpavam-se eles. Finalmente, até mesmo a namorada o abandonou dizendo: "Meu pai o mata, se eu voltar a falar com você".

Por medo de ser morto, Miguel já nem podia andar pelas ruas da sua cidade natal. Mais de cinqüenta pessoas inocentes tinham sido massacradas por multidões enraivecidas e Miguel passou a ter medo de sair do próprio quarto. Ele não recebia notícias dos pais ou do irmão há mais de um mês. Sua única ligação com o mundo exterior era um amigo que lhe trazia pão e leite todos os dias. Os soldados revistavam as casas em busca de pessoas como ele. Miguel ficava aterrorizado pois sabia que poderia ser descoberto a qualquer momento e temia pelo que lhe aconteceria se fosse preso.

Todas as noites, antes de dormir, Miguel planejava como escaparia se os soldados o encontrassem. Sabia que estavam fazendo buscas em todas as casas; conseguia ouvi-los lá fora. Tinha pesadelos de acordar no meio da noite com um soldado com os olhos fixos nele.

Uma manhã, quando tomava café, dois soldados bateram-lhe à porta. Nem teve tempo para reagir. Antes mesmo que pudesse se mover, eles arrombaram a porta e o espancaram até ele ficar inconsciente. Alguém o denunciara.

Miguel recobrou os sentidos numa pequena cela sem janelas e ouviu gritos e gemidos do lado de fora. Seis outros homens estavam com ele na cela: um velho, quatro homens de meia-idade e um jovem de vinte e poucos anos. A expressão no rosto deles era vazia e os olhos pareciam destituídos de toda energia. Vestiam farrapos sujos e tremiam cada vez que ouviam gritos lá fora. Eles estavam com hematomas no corpo todo. Miguel calculou que já estivessem ali há várias semanas.

"Há quanto tempo está aqui?", perguntou Miguel, receoso de ouvir a resposta. "Um dia", replicou o homem mais velho.

Miguel sentiu-se paralisado. Subitamente ele percebeu que todo o seu corpo doía terrivelmente. "O que está acontecendo lá fora?", atreveu-se finalmente a perguntar. "Por que aquelas pessoas gritam tanto?", insistiu, enquanto os olhos se enchiam de lágrimas.

O velho limitou-se a fitá-lo, tremeu e fechou os olhos. Então o mais jovem replicou: "Querem saber quem estava nos ajudando a nos esconder deles."

Embora todas as partes do corpo do Miguel já doessem, o peso da sua nova realidade causou-lhe uma dor muito maior. Sabia que também seria torturado.

Durante as próximas horas, Miguel teve a experiência mais terrível da sua vida. De duas em duas horas, os guardas abriam a porta da cela, puxavam um homem aparentemente ao acaso, e fechavam novamente a porta com um grande estrondo. A princípio, os homens que ficavam na cela só ouviam insultos e ameaças, mas alguns minutos depois ouviam horríveis gemidos e gritos. Cerca de dez minutos depois, uma massa humana meio consciente, de carne, ossos e sangue, era atirada novamente para dentro da cela.

Miguel foi o último homem a ser levado para fora. Quando seus torturadores vieram buscá-lo, ele já tinha sofrido mais de dez horas de ansiedade e terror. Estava mental e fisicamente destruído, em estado de profundo choque.

Os torturadores bateram nele e o interrogaram sem poupá-lo. A cada pancada, o corpo de Miguel arqueava-se e contorcia-se de dores. De novo, ouviu aqueles horríveis gemidos e gritos, mas, dessa vez, eles vinham da sua própria boca ensangüentada. Não conseguia pensar, não conseguia respirar. Logo, já nem conseguia gritar. Dor era tudo o que conseguia sentir. Ele era uma ferida aberta. Depois, abruptamente, os espancamentos pararam e seus torturadores o atiraram para dentro da cela. Em agonia e desespero, chorou até adormecer.

Miguel acordou assustado. Ele não tinha nenhuma idéia de quanto tempo se passara. Os gritos e os gemidos enchiam a cela novamente. O corpo doía-lhe terrivelmente. O homem mais velho jazia junto a ele, morto. Horrorizado, cerrou os olhos. Sabia que também ia morrer.

Miguel nunca fora muito religioso, mas, pela primeira vez na vida, tudo o que conseguia fazer era rezar. Mas por que alguém iria socorrê-lo agora? Nunca acreditara em nada antes. E se não houvesse nenhuma força universal superior a nós? O que seria então?, perguntava-se ele, na sua angústia.

Subitamente, teve uma sensação curiosa. Pela primeira vez na vida, sabia que não estava só.

Sempre tivera medo da morte. Durante um ano inteiro, tinha vivido com o terror de ser morto. Agora, a morte já não o assustava. Olhava-a mais à vontade e até com alegria.

Podiam torturá-lo, mas acabaria morrendo. A morte o libertaria da dor e do sofrimento. A morte era uma bênção do céu; era uma amiga que o protegia.

O universo não lhes permitiria que o torturassem para sempre. Sentia-se protegido pela gentil mão da morte, que o acariciava. Sabia que não estava só. E Miguel morreu pacificamente na terceira vez que o levaram para fora.

* * *

Fomos colocados na Terra para aprender, ganhar experiência e crescer interiormente. Para atingir esse objetivo, a cada um de nós foi dado um precioso instrumento: um corpo que pode fazer milhares e milhares de coisas diferentes. Podemos comer, pensar, nos mover, construir e brincar. Podemos amar uns aos outros, nos conhecer e compreender os outros. Podemos ver, apalpar, cheirar, sentir, ouvir e fazer muitas outras coisas.

Há ocasiões, no entanto, em que o nosso corpo fica tão ferido, que tudo o que nos dá é dor. Nesse ponto, o nosso corpo já não serve como instrumento eficaz para nos auxiliar a aprender e crescer interiormente.

O universo nos proporcionou uma maneira de não ficarmos prisioneiros do nosso corpo físico para sempre. Se o corpo ferido nada nos dá senão dor, o universo nos libertará dele. Isso é o que comumente chamamos de morte.

No entanto, a morte não é um atributo casual dos seres humanos. Foi deliberadamente planejado. Poderia muito bem existir sem jamais morrer fisicamente. Mesmo que o nosso corpo ficasse muito ferido, poderia muito bem continuar a existir, prisioneiros dele para sempre. Mas isso é apenas um estado imaginário das coisas: se o nosso corpo ficar gravemente ferido, morremos.

Podemos estar muito acostumados ao conceito da morte e, ao mesmo tempo, ter medo dela, para apreciar, por inteiro, essa noção, mas a morte existe com um propósito específico. A morte foi intencionalmente concebida para nos proteger. Não é simplesmente "como as coisas são"; é o modo como uma força superior fez com que as coisas acontecessem.

A morte física é uma libertação da dor, uma bênção, talvez a maior bênção de todas. São os acontecimentos que conduzem à morte que são freqüentemente dolorosos e perturbadores, não a morte em si. A morte é como o sono, puro e tranqüilo. A morte é a promessa incondicional da natureza de que nunca nos sentiremos demasiado feridos ou que sofreremos demais.

No entanto, a morte é apenas concebida para nos proteger contra uma dor extremamente intensa. Até um determinado ponto, a dor é necessária para nos auxiliar no nosso desenvolvimento. De fato, a dor pode nos ajudar a desenvolver, mesmo quando não acreditamos que haja desenvolvimento. Portanto, morrer pelas próprias mãos é errado; é um uso errado da morte. Não compreendemos a vida suficientemente bem para avaliar em que momento a dor que sentimos já não serve para nos tornar mais maduros. Só o nosso corpo e o universo sabem disso. Portanto, qualquer interrupção premeditada da vida é um erro.

Em última análise, a morte é exatamente tão miraculosa e mágica como a vida, porque é a transformação da vida além do que podemos compreender no nosso estado presente. A morte não é um fim; é um começo. Só se afigura como um fim porque não podemos ver ou compreender o que vem depois. Em vez de, arrogantemente, concluirmos que a morte é um fim, deveríamos, humildemente, aceitar que somos incapazes de compreender todos os mistérios da vida.

Mesmo que aceitemos que a morte é apenas uma transformação, podemos mesmo assim temê-la. Quem sabe o que vem depois da morte? E se for alguma coisa terrível, como o Inferno?

Uma vez mais, não devemos nos preocupar. Se a natureza quisesse nos fazer sofrer, por que, em primeiro lugar, nos libertaria da dor? Se a natureza nos quisesse dar a dor, ficaríamos na Terra para sempre com as nossas doenças incuráveis e os nossos corpos impossibilitados e desfigurados – sem o alívio da morte.

Não devemos temer a morte mais do que tememos a vida, porque o universo nos proporcionou a morte exatamente como uma libertação dos sofrimentos da vida.

Mesmo assim, podemos não nos sentir à vontade. E a dor? Mesmo que eventualmente morramos e nos libertemos da dor, não temos ainda que sofrer a dor que precede a morte? Como podemos lidar com isso? Como podemos compreender isso e por que devemos senti-la?

Essas e outras questões serão debatidas no próximo capítulo, que trata da Dádiva da Dor.

PERGUNTAS E EXERCÍCIOS

1. Você conhece alguém que esteja aterrorizado com a morte? Fale com ele e tente fazê-lo se sentir melhor; isso também ajudará você a se sentir melhor.

2. Como você está se preparando para a morte? Não se esqueça: esse é o seu destino.

3. Não evite pensar na morte; pensar na morte ajuda a pôr os acontecimentos da vida na sua devida perspectiva.

4. Qual é a cor da morte para você? Por que não é uma cor de luz branca ou outra cor alegre? Associe a morte a uma cor alegre na sua mente.

CONCLUSÃO

Esteja sempre preparado para enfrentar a morte. Essa é a única certeza absoluta que temos – e pode bater à nossa porta a qualquer momento.

Não tema a morte; ela existe para nos proteger, não para nos fazer mal. Ela é a garantia de que não teremos de sofrer uma dor infindável. É a promessa da natureza de que não sofreremos demais.

A morte é simplesmente a transformação da vida num estado que não podemos compreender nesse presente momento. É a continuação da vida além da nossa existência física e, em última análise, é tão notável como o próprio nascimento.

Aproveite a sua vida e sinta-se grato pela morte. Não viva menos por saber que pode morrer; viva mais porque a morte sempre o protegerá.

A DÁDIVA DA DOR

"A sua dor corresponde ao quebrar da casca onde reside a sua compreensão."

Kahlil Gibran

A maioria das pessoas preferiria um mundo sem dor, um mundo no qual só existisse o prazer.

No entanto, basta imaginar o que seria a vida sem a dor física ou emocional. Poderíamos cair e não sentiríamos nada. Poderíamos sofrer um acidente com o carro e, embora ficássemos feridos, não sentiríamos nenhuma dor. Não sentiríamos necessidade de trabalhar, pois não sentiríamos os desagradáveis efeitos do frio e da fome. Como os sentimentos de perda, frustração, ira, tristeza e saudade não existiriam, não aprenderíamos com os nossos erros. Poderíamos até mesmo ser capazes de saltar de precipícios e mergulhar das montanhas mais altas.

Se não houvesse a dor, o mundo que conhecemos deixaria de existir. Aprender seria impossível, o prazer não teria sentido.

Sem dor, simplesmente não saberíamos o que fazer nem como fazer qualquer coisa.

A dor é um sistema extraordinariamente sofisticado que guia tudo o que fazemos. Como as linhas laterais das rodovias, a dor diz quando estamos nos desviando para a direção errada. É o modo como o universo nos guia e como nos mostra o caminho.

No entanto, a maioria das pessoas não é grata à dor. Nós a evitamos mas não prestamos atenção às suas importantes mensagens. Como conseqüência, a maioria das pessoas arranja cada vez mais dor para si mesma.

O universo se comunica conosco da mesma maneira que nos comunicamos uns com os outros. Se estivermos conversando com alguém que tenha dificuldade para compreender determinado assunto, não mudaremos de assunto até que ela consiga compreendê-lo. Na verdade, é precisamente isso que o universo faz com a dor. A dor é o modo como o universo se comunica conosco. Se não compreendemos realmente a mensagem, o universo a repete mais uma vez. É muito simples.

A dor e o prazer dão sentido à vida. Sem prazer, não há nada para se desejar, nenhuma viagem para se fazer. Sem dor, não há nada que nos mantenha no caminho certo. O prazer nos diz para onde ir; a dor nos diz como chegar lá.

Aprender por meio da dor pode ser uma experiência horrível e frustrante. É por isso que este capítulo é tão importante. Se você seguir suas recomendações, reduzirá grandemente a dor na sua vida e encontrará mais sentido e direção em tudo o que fizer.

"O oposto de uma afirmação verdadeira é uma afirmação falsa. Mas o oposto de uma verdade profunda
pode ser outra verdade profunda."

NIELS BOHR

1. As sirenes da dor

A dor é um sistema de alarme excepcional, uma sirene que nos diz quando algo está errado.

Imagine que, acidentalmente, você põe a mão num fogão quente. Não é a dor instantânea que lhe evita queimar seriamente a mão? Imagine que tem dor de garganta ou dor de estômago. Não é a dor que garante que tome os cuidados necessários para o seu estado?

Agora imagine o que aconteceria se você não pudesse contar com a dor para alertá-lo sobre essas ameaças ao seu bem-estar. Você poderia ter até mesmo bolhas nos pés, ao caminhar sobre uma superfície muito quente, mas continuaria a caminhar no mesmo lugar. Poderia machucar seriamente uma perna ou um ombro praticando esporte e não perceber isso até que fosse muito tarde. Poderia esquecer-se de comer a intervalos regulares e permanecer no frio, sem abrigo adequado, até congelar. Nunca saberia quando alguma coisa estivesse lhe fazendo mal e nem como evitá-la.

Embora a dor seja nossa aliada, com que freqüência ignoramos as suas mensagens? Quantas vezes a dor não nos indica determinada direção, apenas para a ignorarmos e seguirmos no sentido oposto?

Se prestássemos mais atenção às sirenes da dor, poderíamos evitar muitos sofrimentos desnecessários na nossa vida. Mesmo que, ocasionalmente, não damos atenção a certos alarmes na vida, não precisamos nos preocupar muito. O universo, geralmente, vai nos avisar várias vezes antes de nos derrubar.

2. O MESTRE SILENCIOSO

"Nós nos voltamos para Deus
quando nossos alicerces estão abalados,
apenas para descobrir que é Deus que os abala."

CHARLES C. WEST

O papel mais importante da dor na nossa vida não é nos guiar ou nos avisar; o papel mais importante da dor é nos ensinar.

Se prestarmos bastante atenção cada vez que sentirmos dor, ouviremos uma voz gentil e carinhosa que nos diz como nos tornar pessoas melhores, uma voz que pacientemente nos mostra novas verdades e nos dá uma perspectiva mais clara e mais elevada da vida. Chamo essa voz de o "Mestre Silencioso".

A dor funciona como um Mestre Silencioso, porque não nos fornece informação espontaneamente. Para aprender com a dor, temos de desempenhar o nosso papel e fazer a nós mesmos uma pergunta muito importante cada vez que experimentarmos qualquer dor significativa na vida. Devemos fazer essa pergunta inúmeras vezes. Quanto mais freqüentemente a fizermos, mais conhecimento a dor compartilhará conosco e mais sábios ficaremos.

A pergunta que em breve compartilharei com você é uma das perguntas mais poderosas da história da humanidade. Todo e cada um dos desenvolvimentos e invenções humanas têm dependido dela. O próprio método científico é baseado nela, e todas as melhorias que se conseguem na vida, consciente ou inconscientemente, são o resultado da sua aplicação. Se você aplicá-la à sua vida regularmente, transformará suas derrotas em sucessos futuros e os seus erros em lições.

A pergunta essencial é:

"O que eu posso aprender com o que aconteceu?"

Nossos erros e a dor que os acompanha são os alicerces da melhor forma de aprendizagem: a aprendizagem por meio da experiência. Mesmo assim, cometer erros e sentir dor não é suficiente. Antes que os nossos erros se tornem os alicerces do nosso crescimento e desenvolvimento, devemos transformá-los em conhecimento, perguntando a nós mesmos o que podemos aprender com eles. Só então podemos contá-los como experiência; de outro modo, serão apenas aborrecimentos e chateações.

Por essa razão, um homem pode ser velho e ter ainda pouca experiência, pois não aprendeu com os seus erros. Por outro lado, um homem jovem pode ser rico em experiência, porque tem aprendido diligentemente com os seus erros e com os dos outros. A verdadeira sabedoria não significa cometer poucos erros. Na verdade, cometer poucos erros pode estar relacionado ao fato de nos limitarmos a tentar fazer só coisas fáceis. A verdadeira sabedoria provém de se cometer erros e de se aprender com eles.

"Você não teve trinta anos de experiência...
você teve um ano de experiência trinta vezes."

J. L. CARR

Como você encara os erros e a dor na sua vida? Você os vê como obstáculos à sua felicidade ou os utiliza como degraus de ouro para alcançar patamares mais elevados? Quando cai, você só liga para a dor e queixa-se ou vê uma oportunidade de aprender alguma coisa nova?

O *maior problema que a maioria das pessoas tem não é cometer muitos erros; o problema é não aprender o suficiente com os erros que comete.* Elas tornam-se vítimas dos seus erros, em vez de seus alunos. Vivem, mas esquecem-se de aprender com os erros. Esquecem-se de se perguntar: "O que eu posso aprender com o que me aconteceu?"

A dor pode ser sua amiga ou sua inimiga. Pode ser uma bênção ou uma maldição. Só depende de você.

3. A DOR NUNCA É O PROBLEMA

"Não se alcança a verdadeira consciência sem dor."

CARL GUSTAV JUNG

A dor nunca é a causa dos nossos problemas, é apenas a conseqüência. Se você sente dor, é porque alguma coisa está errada e você precisa descobrir o que é. Quanto mais urgente for essa mensagem, mais intensa será a dor. A dor não contém a culpa: é só a mensageira. Portanto, em vez de sentir-se irritado com a dor, seja-lhe grato. Em vez de tentar eliminar a dor tão apressadamente, procure, de imediato, compreender e eliminar *a sua causa*.

Sempre que tiramos a dor da nossa vida sem tratarmos da sua causa, podemos estar nos fazendo um desfavor porque damos à causa da dor uma oportunidade de crescer e desenvolver-se livremente. Como resultado, aquilo que começa como um problema inofensivo e facilmente evitável, freqüentemente se torna um obstáculo intransponível.

Esse é um ponto importante. Freqüentemente tentamos resolver nossas dificuldades libertando-nos da dor, em vez de procurarmos remover as suas causas. Esse hábito não só faz com que a dor continue a manifestar-se, como também nos impede de resolver os nossos verdadeiros problemas.

Esse é o caso, por exemplo, do marido que bebe demais para apagar a dor da sua infeliz relação, do jovem que rouba para fugir ao desconforto da pobreza e da pessoa que constantemente toma aspirinas para suas dores de cabeça, em vez de ir ao médico. Em qualquer uma dessas situações, o comportamento deles só agrava o seu sofrimento geral.

Embora essa seja uma armadilha estúpida em que se cai, a maioria das pessoas faz isso repetidamente. Por exemplo, tomamos pílulas para dormir e antidepressivos em vez de mu-

Sem dor, nunca aprenderíamos nem cresceríamos

darmos o nosso estilo de vida; ou compramos roupas mais largas em vez de fazermos ginástica, ou saímos de férias em vez de termos uma importante mas desagradável conversa com o nosso esposo; ou ignoramos o mau comportamento do nosso filho em vez de procurarmos descobrir o que tal comportamento quer dizer.

Muitos de nós caem nessa armadilha todos os dias. Então, depois de o estrago estar feito, encontramos alguém a quem culpar ou culpamos a própria vida pela nossa desgraça. A verdade é que só nós temos a culpa: *nós* ignoramos a lição da dor.

Não culpe a dor. Ela não é a causa dos seus problemas.

4. Dor física e dor emocional

A dor física e a dor emocional são muito diferentes uma da outra. A dor física é quase sempre um sinal de que há algo errado conosco. Funciona como nosso guia e nosso alarme, e pode ser também nosso mestre. Geralmente, não podemos evitar ou diminuir a dor física sozinhos.

A dor emocional é completamente diferente. A dor emocional não significa necessariamente que precisamos mudar alguma coisa no nosso comportamento ou na nossa vida. A maioria das pessoas poderia reduzir significativamente a dor emocional, se realmente quisesse. A dor emocional é geralmente apenas o resultado de um modo ineficaz de pensar.

A diferença entre dor física e dor emocional é relevante, porque a maioria das pessoas sente, sobretudo, dor emocional, não dor física. Portanto, se nós realmente quiséssemos, poderíamos evitar a maior parte da dor que sentimos.

Isso não significa que a dor emocional não seja importante – é importante porque nos perturba. A dor emocional – autoinfligida ou não – nos cobra um preço muito alto. Como a estática de fundo de uma distante estação de rádio, a presença da dor emocional distrai a nossa atenção, reduz o nosso prazer e afeta os nossos pensamentos.

É por isso que devemos nos livrar de toda dor emocional desnecessária na nossa vida. Neste exato momento, podemos ser incapazes de viver a vida feliz e realizada para a qual nascemos, simplesmente por causa do modo inadequado como pensamos. Mesmo uma vida bela pode parecer tediosa, se seu cérebro estiver operando como um rádio velho e enferrujado.

Embora o tema de como mudar o seu modo de pensar seja muito extenso para ser tratado aqui, fique ciente de que um cérebro treinado pode permitir-lhe melhorar grandemente o modo como lida com a dor emocional.

Você descobrirá que *a maior parte* da dor emocional da sua vida é controlável, se dedicar tempo e esforço para aprender essa arte. Ler este livro é um bom começo, mas há outros livros mais especializados que podem ajudá-lo muito, como *Awaken the Giant Within*, de Anthony Robbins, *The Seven Spiritual Laws of Success* ("As sete leis espirituais do sucesso"), de Deepak Chopra, *Chicken Soup for the Soul*, de Jack Canfield, *A Prática do Poder do Agora*, de Ekhart Tolle, *Man's Search for Meaning*, de Victor Frankl, *Conversas com Deus, volume I*, de Neale Donald Walsch, *The Seven Habits of Highly Successful People*, de Stephen Covey, *O Caminho Menos Percorrido*, de M. Scott Peck, e muitas outras obras.

"A dor e o sofrimento são inevitáveis,
ser infeliz é uma opção."

ART CLANIN

NOTA

Tudo o que está escrito acerca da dor emocional aplica-se também ao medo, porque *o medo nada mais é do que a antecipação emocional da dor*. (Nesse sentido, o medo também é uma dádiva, porque nos protege e nos diz o que evitar.)

5. DOR INEVITÁVEL

Às vezes não podemos evitar a dor que sentimos. Às vezes não há nada na nossa vida que possamos mudar para parar a dor, e parece difícil aprender alguma coisa com isso. Esse pode ser o caso das pessoas que sofrem de doenças congênitas, câncer, AIDS ou outras doenças incuráveis e dolorosas.

A dor inevitável pode nos frustrar inicialmente. Como pode a dor ser um guia, um alarme ou um mestre, se não podemos escapar dela? Como devemos enfrentá-la e compreendê-la? Qual é o seu significado e o seu propósito?

Obviamente, nesses casos, a discussão anterior só se aplica parcialmente. Mas mesmo a dor inevitável desempenha um papel essencial na nossa vida: ela pode nos dar uma consciência mais profunda e uma perspectiva mais elevada das coisas, as quais, de outro modo, jamais poderíamos alcançar.

É precisamente por não se poder fugir da dor inevitável, e por esta parecer ser freqüentemente injusta, que ela é tão significativa e importante para nossa aprendizagem, maturidade e compreensão. A dor é a maneira mais poderosa que o universo encontrou para nos lembrar que somos alunos, não mestres, e que devemos ser humildes, tolerantes e indulgentes. É também a maneira mais poderosa que o universo encontrou para nos lembrar que todos os seres humanos são vulneráveis e frágeis e que, não importa quem sejamos, estamos sempre sujeitos às suas leis.

Mesmo a pessoa mais rica, mais valente ou mais influente adquire alguma humildade quando confrontada com uma dor que não consegue evitar.

A dor inevitável parece, muitas vezes, atingir as pessoas erradas – as que já são humildes, tolerantes, indulgentes e calmas. No entanto, vemos isso dessa maneira porque somos limitados para compreender os motivos mais elevados do universo. Em toda injustiça aparente, em todo gemido desconsolado, se olharmos mais de perto, encontraremos a mão da natureza que tudo sabe.

6. Compreender o fracasso

"Não estou desanimado, pois cada
experiência frustrada que se abandona
é mais um passo para a frente."

Thomas Edison

Como temos visto, se mudarmos nossa maneira de pensar, podemos evitar a maior parte das nossas dores emocionais. Porque o fracasso é muitas vezes uma fonte de dor emocional, compreendê-lo é um passo importante para caminhar nessa direção.

Todos desprezam o fracasso como se ele fosse uma doença contagiosa. Por que as pessoas evitam o fracasso tão ferozmente? Por que as pessoas têm tanta vergonha disso? Por favor, deixe este livro de lado e, por um breve momento, pense nesta importante questão: O que é o fracasso para você? Escreva a resposta, antes de continuar a ler.

Por outro lado, por que adoramos o sucesso? Mais uma vez, pense nisso por um momento. O que é o sucesso para você? Escreva a sua resposta.

Para a maioria das pessoas, o fracasso e o sucesso são coisas opostas. Se temos sucesso, significa que não fracassamos; se fracassamos, significa que não fomos bem-sucedidos. Segundo a maioria das pessoas, sucesso significa atingir um objetivo, conseguir algo que se pretende. O fracasso é o oposto. O fracasso é o abandono de uma tentativa, a não-consecução de um objetivo.

Você respondeu corretamente à pergunta? Provavelmente sim. Mas esse é um daqueles casos em que é melhor não saber a resposta certa e ignorar o que a maioria das pessoas diz.

O verdadeiro sucesso não exige que atinjamos os nossos objetivos. Primeiro e mais do que tudo, sucesso significa ter coragem de fazer o que realmente se quer fazer. O verdadeiro fracasso nem sempre exige que fracassemos em nossos objetivos; o verdadeiro fracasso é não termos a coragem de agir de acordo com o nosso verdadeiro desejo e aspiração. Podemos atingir os nossos objetivos, mas fracassar, por nos ter faltado a coragem de tentar alcançar os nossos verdadeiros objetivos.

Tem menos sucesso o alpinista que não atinge o cume do monte Everest do que o escalador que escala até ao topo da árvore que tem no quintal? O vendedor que fecha apenas uma venda em cada dez é realmente menos bem-sucedido do que aquele que fica em casa dormindo? O homem de negócios que já faliu quatro vezes é realmente menos bem-sucedido do que aquele que nunca ousou iniciar um único negócio? É claro que a resposta é negativa.

Quando temos coragem de tentar o que realmente queremos, nunca podemos perder, porque, mesmo que não consigamos alcançar o nosso objetivo, já ganhamos mais experiência.

O resultado positivo ou negativo das nossas tentativas tem pouco a ver com o verdadeiro sucesso ou fracasso e muito mais a ver com o grau de dificuldade dos objetivos que escolhemos. É mais fácil conseguir alcançar objetivos fáceis do que difíceis. É simples assim.

Algumas das lições mais importantes da vida nós recebemos quando não alcançamos nossos objetivos. Portanto, não atingir um objetivo não é necessariamente uma coisa negativa. *O fracasso é uma dádiva por meio da qual o universo partilha seu conhecimento conosco e nos diz que há uma maneira melhor de fazer as coisas.* O fracasso é o combustível do desenvolvimento e da maturidade humanas. Sem fracasso não há progresso ou, se preferir, sem dor não pode haver proveito.

Embora isso possa parecer interessante, você pode sentir que precisa alcançar certos objetivos para se alimentar e para sobreviver. Esse sentimento, no entanto, é mal direcionado. Há inúmeras maneiras de se prover de alimentos, sem atingir quaisquer dos objetivos específicos que você está atualmente buscando.

Talvez a melhor coisa que lhe poderia acontecer fosse não atingir os objetivos que persegue neste exato momento. Talvez isso o levasse a encontrar uma ocupação mais compensadora do que aquela que tem agora. Como temos visto, as recusas da vida são freqüentemente oportunidades para descobrir novas realidades. Lembre-se: sua finalidade definitiva na vida não é conseguir concretizar certos objetivos; sua finalidade definitiva é conseguir ser feliz e crescer interiormente.

A realização pessoal não provém do sucesso, do dinheiro ou da fama. Essa sensação provém da coragem de fazer aquilo de que realmente gosta e de saber aprender com seus próprios erros.

Se fizer aquilo que gosta, não vai precisar alcançar seja o que for para ser bem-sucedido. Desse modo, seu sucesso virá da sua caminhada e não apenas da obtenção dos seus objetivos.

"A tragédia das pessoas que se esforçam por um objetivo inferior àquele que realmente desejam é que não se sentirão realizadas, mesmo que forem bem-sucedidas."

Steve Login

7. Ajude os outros a aprender com o fracasso

Quantos de nós alguma vez mudamos a nossa maneira de pensar ou viver por causa do conselho dos outros? São os avisos do pai acerca do perigo de andar de bicicleta tão eficazes como um joelho esfolado? É o conselho da mãe acerca dos rapazes alguma vez tão esclarecedor como o primeiro coração partido? São os avisos de um amigo sobre o perigo dos jogos de azar tão convincentes como a primeira grande perda? A vida é a melhor mestra e, em alguns casos, a única mestra verdadeira.

Se seu amigo, filho ou esposo correm o risco de ferir, irreversivelmente, a si mesmos ou aos outros, você deve intervir firmemente. De outro modo, não se preocupe tanto com o que fazem, porque a vida por si só já nos diz quando devemos parar. Você não é tão indispensável quanto imagina – seus entes queridos e amigos estarão bem amparados, mesmo sem toda a sua sabedoria e bom senso.

Se ama seu filho, seu esposo, seu amigo, então deixe-os tropeçar de vez em quando, para aprenderem com os próprios erros – exatamente como você aprendeu com os seus. Isso poderá feri-los agora, mas os tornará mais fortes e mais sábios mais tarde.

Mesmo que seu conselho seja útil, pode ser inapropriado. Portanto, da próxima vez que quiser dar conselhos a alguém, pense duas vezes: o verdadeiro propósito do seu conselho é ajudar os outros a melhorar a vida deles, ou será que está apenas procurando preencher a sua própria vida? São os seus avisos e recomendações realmente precisos, ou você está criando a sua própria terapia ocupacional? Você está ajudando realmente os outros ou está simplesmente procurando ajudar a si mesmo?

8. Os olhos da dor

Quando eu tinha 19 anos, a vida parecia-me chata e sem sentido e, muitas vezes, eu nem tinha vontade de me levantar de manhã.

Numa tarde fria de fevereiro, vendo-me triste e confuso, minha mãe me convidou para ir a um café com ela. Durante a nossa conversa, queixei-me sobre o quanto tudo era injusto e inútil; ela, por outro lado, dava o melhor de si para me mostrar o lado positivo da vida. A conversa era como uma partida de pingue-pongue: para cada assunto positivo que ela apontava, eu lhe respondia com dois assuntos negativos. Depois de algum tempo, a minha mãe teve de sair por causa de um compromisso e eu fiquei no café sozinho.

Foi então que uma senhora, que estava numa mesa próxima à nossa, voltou-se para mim e perguntou se podia sentar-se ao meu lado. Ela pediu desculpas, pois tinha ouvido involuntariamente uma parte da nossa conversa e, por isso, queria falar comigo. Fiquei muito envergonhado, mas a minha melancolia tornava-me particularmente aberto a qualquer pessoa que quisesse me ajudar. Aceitei a oferta.

Maria tinha 65 anos. Não era uma oradora talentosa e o que me disse não foi extraordinário. Mesmo assim, falar com ela mudou a minha vida.

Ela tivera uma infância pobre e infeliz. Aos 17 anos, uma lâmpada estourou junto do seu rosto e a cegou. Por causa desse terrível acidente, sua vida foi muito mais tediosa do que a da maioria das pessoas. Nunca viajou, foi ao cinema ou viu o rosto do marido e dos filhos.

Se você tivesse escutado a história de Maria, teria provavelmente concluído que ela tivera uma vida muito infeliz. Teria provavelmente esperado que ela estivesse revoltada com a vida. Então teria se enganado.

O ar enchia-se de energia e entusiasmo quando Maria falava. Era só olhar para ela e, no mesmo instante, saber que não se tratava de uma pessoa amarga e ressentida, mas de uma alma alegre e jovem. Maria era idosa e cega, mas era feliz; eu era jovem e saudável, mas estava deprimido.

Eu fui ao cinema naquela tarde, mas meus pensamentos ficaram no café com Maria e com o que ela me ensinara. Se até ela conseguia ser feliz, então eu certamente seria também! Pela primeira vez em meses, senti-me seguro de que a minha tristeza eventualmente passaria.

* * *

Você percebe por que Maria era tão feliz? Não vê que ela pode andar, falar, dançar, respirar e se divertir? Não vê que ela tem comida e abrigo e uma família maravilhosa que a ama? Não vê como ela é verdadeiramente rica? Como ela poderia ter se sentido amarga ou revoltada com a vida? A vida dá-lhe tanta coisa! É fácil para ela ver sua enorme fortuna; é óbvio para ela que tem todas as razões do mundo para ser feliz.

Podemos achar que compreendemos a alegria de Maria, mas será que compreendemos realmente? Será que conseguimos ver o que ela vê? Conseguimos compreender o que é ser cego? Conseguimos ao menos chegar perto de poder imaginar a dor e o esforço pelos quais ela passou depois do acidente? Provavelmente, não. Mas é precisamente por toda a dor pela qual ela passou que está tão consciente da riqueza da sua vida. Ela sabe apreciar o valor de todas as outras benesses, pois sentiu a falta de uma das mais importantes. A vida roubou-lhe os olhos, mas deu novos olhos à sua alma. Ela não é pobre e sabe disso. Nunca será pobre porque, embora seja cega, vê o que realmente importa.

Por que a chamamos de cega? Será realmente *ela* quem não consegue ver? Será que é ela quem está às escuras ou somos nós?

Quando sentimos prazer, festejamos; quando sentimos dor, pensamos. A dor dá às coisas a sua verdadeira dimensão. Mesmo a pessoa mais mesquinha pode tornar-se mais compreensiva e generosa depois de se perder num bosque durante uma semana.

A dor pode dar um significado mais elevado ao prazer e pode nos abrir os olhos para novas maneiras de ver a vida. Não obstante, muitos de nós preferimos continuar cegos. Muitos de nós apenas nos queixamos quando sentimos dor, mas não ouvimos a importante mensagem que a dor quer nos transmitir.

Nós seríamos muito mais felizes se, como Maria, pudéssemos aprender a apreciar nosso corpo, nossa vida e aqueles que nos rodeiam antes de os perdermos, se pudéssemos aprender com a nossa dor como já somos ricos.

Como você vive a sua vida? Você vê realmente o que importa ou é apenas um cego com olhos? Você vê realmente o que interessa ou a dor terá que continuar fazendo-lhe visitas antes que a sua visão melhore?

Foi isso o que uma senhora idosa e cega me ensinou quando eu pensava que não tinha mais razões para viver. Como Maria, agora sou feliz porque já não sou cego – embora tenha muito para melhorar.

9. As cicatrizes da dor

Guilherme, um jovem líder, preparava-se para dar um seminário. Planejava usar um microfone de lapela sem fio, pela primeira vez. Estava nervoso porque este seria seu seminário mais importante, mas, ao mesmo tempo, sentia-se orgulhoso por acreditar que seria favorecido pela utilização do novo equipamento. Estavam presentes vários diretores importantes e até mesmo um repórter que iria escrever um artigo sobre ele para um grande jornal local.

Ele havia estudado bem o material e estava confiante que os participantes ficariam agradavelmente surpreendidos com o que ele tinha a dizer. Estava tão entusiasmado que mal podia esperar para começar sua exposição.

A maioria dos participantes já tinha chegado ao auditório do hotel. Como ainda faltavam alguns minutos para o início do seminário, Guilherme foi ao banheiro para aclarar a voz e certificar-se de que estava bem-apresentado.

Lavava as mãos quando alguém bateu várias vezes à porta do banheiro com força. Visto que os hotéis de cinco estrelas são geralmente calmos, achou aquela maneira de bater à porta pouco natural, mas não deu muita atenção. No entanto, a pessoa continuou a bater na porta. Supondo que alguém queria usar o banheiro, disse ao inoportuno estranho que entrasse.

A porta se abriu e, para sua surpresa, o rosto que viu não era de um estranho, mas de Joana, sua assistente. Aparentemente em estado de choque, ela murmurou apressadamente algumas palavras, mas ele não entendeu. "Acalme-se, Joana", disse o jovem orador. "O que houve?"

Apreensivamente, ela apontou para o pequeno microfone preso na gravata dele. "Você esqueceu de desligar o microfone", murmurou ela tão baixo quanto podia, ainda em estado de choque.

Guilherme ficou horrorizado. Mais de cem pessoas tinham acabado de ouvir alguns dos seus mais privados momentos no banheiro, e o seminário nem sequer tinha começado! Respirou fundo e foi para o auditório, agora ameaçador.

* * *

Depois desse acontecimento, você acha que Guilherme irá alguma vez mais ao banheiro com um microfone na lapela sem se certificar – e voltar a se certificar – se o mesmo está desligado? Provavelmente não.

Nós não esquecemos facilmente as coisas que nos machucam. Quanto mais nos ferem, mais facilmente nos recordamos delas. Essa é uma das grandes vantagens da dor. Ela deixa uma marca permanente na nossa memória para nos impedir de voltar a cometer o mesmo erro novamente. A dor nos protege de cair duas vezes no mesmo buraco.

No entanto, às vezes as marcas permanentes que a dor grava na nossa memória são tão profundas que parecem mais cicatrizes do que meros lembretes. Essas cicatrizes desempenham, decerto, também um papel de proteção, mas muitas vezes dão origem a mais mal do que bem.

Esse é o caso das pessoas que viveram eventos traumáticos – o esposo desolado pela morte da esposa, o adulto ignorado ou abusado quando criança, a vítima de sérios ferimentos físicos, a pessoa que teve de passar por um divórcio difícil, a vítima de violação e muitas outras pessoas com histórias igualmente difíceis. Para a maioria dessas pessoas, as marcas da dor são mais um obstáculo do que um benefício.

Por mais difícil que seja a situação, podemos curar as nossas cicatrizes emocionais se aprendermos a mudar nossa maneira de pensar. Para consegui-lo, primeiro devemos desenvolver o hábito de nos fazer uma pergunta aparentemente irônica cada vez que alguma coisa desagradável acontece na nossa vida. A pergunta é:

"Que benefícios posso extrair do que acaba de me acontecer?"

Quando essa pergunta se transformar num hábito, nossa vida terá um novo significado, porque, como Maria, já não estaremos cegos para as riquezas da vida. Como Maria, compreenderemos que mesmo as piores experiências contêm importantes benefícios e lições.

O *segundo* hábito que devemos desenvolver é aprender a fechar a porta para a dor passada. Depois de termos aprendido com a nossa dor, ela passa a fazer parte do passado e é lá que ela deve ficar. Devemos aprender a fechar mentalmente, num grande cofre preto, toda a dor que algum dia sofremos, e lançá-lo nas profundezas do oceano para sempre.

A dor pode nos impedir de cometer o mesmo erro duas vezes e nos dar olhos para ver, mas apenas se já não formos seus reféns. De outro modo, a dor apenas monopolizará a nossa atenção, dificultará a nossa visão e nos impedirá de compreender quantas coisas boas já temos.

DICA

Não se preocupe se nem sempre puder seguir as idéias deste livro. Cometer erros pode permitir que aprenda mais e ganhe mais maturidade do que se sempre fizesse o que é certo.

Sentir a dor resultante dos nossos erros é, freqüentemente, a melhor maneira de compreendermos as coisas. Portanto, não se preocupe muito com seus erros e com os dos outros. Eles podem acabar se transformando numa vantagem, em vez de ser um obstáculo.

PERGUNTAS E EXERCÍCIOS

1. Que importantes sirenes de dor você ignorou hoje? Quantas vezes mais a dor terá que lhe fazer uma visita antes de você mudar?

2. Que lições você deixou de aproveitar hoje porque se esqueceu de perguntar a si mesmo: "O que eu posso aprender com o que me aconteceu?"

3. Quanta dor emocional desnecessária você inflige a si mesmo todos os dias por causa da maneira ineficaz como pensa? O que você fará para mudar?

4. O verdadeiro sucesso consiste em ter a coragem de fazer o que se deseja, não em atingir objetivos. O verdadeiro fracasso consiste em

recear fazer o que se deseja por medo de falhar em seus objetivos. Sabendo disso, o que você deve mudar na sua vida?

5. Você tem realmente permitido que seus entes queridos e amigos falhem, de maneira que possam verdadeiramente aprender e ganhar maturidade, ou tem ingenuamente – e talvez egoisticamente – tentado ensiná-los como viver apenas por meio das suas palavras?

6. Você tem tirado partido da dor que tem sentido para dar à vida um sentido mais elevado, ou limita-se apenas a se queixar?

7. Quantas cicatrizes por curar a dor tem deixado dentro de você?

8. Você tem camuflado a dor na sua vida sem atender às suas causas? Se faz isso, tenha cuidado, pois surpresas desagradáveis podem estar a caminho.

CONCLUSÃO

A dor é uma parte extraordinariamente importante e necessária da nossa vida. É o nosso guia, o nosso alarme e o nosso mestre. A dor disciplina a nossa memória e nos dá olhos para ver aquilo que realmente interessa.

Portanto, em vez de se queixar da dor, sinta-se grato pela sua insistência e permanente proteção. Preste mais atenção às mensagens e avisos que ela traz e aprenda com a sua infinita sabedoria.

Contudo, mesmo que se esqueça de fazer tudo isso, não se preocupe demasiadamente. A dor não o abandonará até morrer.

A DÁDIVA DA COMPREENSÃO

"Tudo, todas as coisas que compreendo,
compreendo apenas porque amo."

TOLSTOI

Como seres humanos, temos a capacidade extraordinária de compreender o mundo em que vivemos. Essa vantagem extraordinária "tem nos transformado na espécie mais dominante do planeta e nos permitiu criar uma qualidade de vida superior à de qualquer outra criatura viva".

Embora a compreensão possa ser uma força tremendamente poderosa na nossa vida, muitas vezes não lhe damos a devida importância ou abusamos do seu poder. Além disso, querermos compreender as coisas, freqüentemente, funciona como uma limitação, pois, ao contrário dos animais, a menos que consigamos compreender as coisas, sentimo-nos inseguros e confusos.

É fundamental aprendermos como utilizar adequadamente nossa capacidade de compreender, especialmente nas duas áreas mais importantes da nossa vida: compreender os outros e compreender a nossa própria vida. Desse modo, em vez de nos sentirmos vazios e perdidos, nos sentiremos realizados e em harmonia com o mundo, com os outros e conosco.

* * *

Era um domingo de manhã e a missa já tinha começado. Por causa do horário matutino, somente as primeiras quatro filas de assentos estavam ocupadas. A congregação escutava silenciosamente a homilia. Subitamente, um pai e os cinco filhos pequenos entraram, repentinamente, pela porta de trás, interrompendo o padre com o barulho que fizeram.

O padre acenou-lhes para virem para a parte da frente da igreja, mas o pai sentou-se imediatamente na última fila, sem sequer notar o gesto do padre. As crianças, excitadas, já brincavam umas com as outras.

Embora as crianças estivessem a uma distância considerável, o padre viu que vários dos seus ouvintes estavam incomodados com o barulho. Tossiu e olhou para o pai várias vezes na esperança de que ele disciplinasse os filhos, mas novamente o pai ignorou as "deixas" do padre.

Por fim, o pai compreendeu que os filhos eram muito barulhentos e disse-lhes para brincarem no átrio, fora da igreja. Contudo, a situação não melhorou nada. As crianças agora gritavam e bradavam lá fora – o que criava ainda maior perturbação.

Finalmente, um senhor, incomodado pela incessante agitação, confrontou o indiferente pai. "Me desculpe, mas o senhor não tem nenhum respeito pelos outros", disse-lhe. "Seus filhos estão incomodando todo mundo. Como o senhor pode ter tão pouca consideração pelos outros?", continuou ele, com reprovação.

Claramente confuso, o pai levantou a cabeça lentamente e olhou para o homem. "Desculpe-me. O que o senhor disse?", perguntou.

O velho senhor olhou para ele, sem acreditar. O pai estava completamente alienado de toda a situação. "O senhor é surdo, ou coisa do gênero? Os seus filhos. Eles estão incomodando muito. Nunca vi um pai tão irresponsável em toda a minha vida", declarou o senhor, olhando colericamente para o pai.

"Oh, os meus filhos", respondeu o pai, agora visivelmente transtornado. "Lamento. Eu estive acordado a noite toda. Lamento", gaguejou, agora a soluçar. "É que a mãe deles acaba de falecer no hospital esta manhã e ainda não tive coragem de lhes contar. São tão novinhos, sabe", disse ele. "Por isso vim aqui, para ver se podia encontrar alguma paz e coragem. Lamento. Não tinha a intenção de incomodar."

1. Evite julgar os outros

"Não julgue ninguém. Nunca se sabe que tipo de batalhas eles podem estar enfrentando."

José Macedo

Você criticaria um paraplégico por andar devagar, castigaria um deficiente por ser desastrado ou uma pessoa manca por ser lenta? Você sonharia sequer zombar de um mudo por não falar ou de um cego por não ver? É claro que não. Porque você é capaz de ver as suas lesões, porque consegue visualmente compreender as suas dificuldades!

Se esse é o caso, então que direito nós temos de condenar e criticar os outros com tanta facilidade? É possível ver as cicatrizes de uma infância violenta e de abusos ou as feridas da pobreza e da doença mental? São os danos causados por anos de privação e de solidão visíveis a olho nu? Então como podemos julgar os outros, quando nunca vemos o que realmente importa?

Cada pessoa é única. Compreendemos tão pouco acerca das motivações e necessidades das outras pessoas como compreendemos acerca de galáxias celestiais nunca antes vistas.

Embora possamos ver os corpos e expressões das pessoas e ouvir suas palavras, a única maneira de poder julgá-las realmente seria penetrar nas profundezas de suas almas.

Há ocasiões em que temos de julgar os outros, mas isso não significa que, alguma vez, consigamos ser justos. Julgar os outros é intrinsecamente errado – mesmo que, quando julgamos por razões profissionais ou outras, isso pareça um mal menor – porque, em última análise, o julgamento é feito às escuras, sem ver nem perceber o que verdadeiramente interessa.

Proteja-se e defenda-se se tiver de fazê-lo, mas evite julgar os outros. Quando julga os outros, você só revela a extensão da sua mesquinhez.

"O pouco que sei, devo-o à minha ignorância."

Sacha Guitry

2. Compreender a vida

"Ajudar a si mesmo, de modo que possa depois ajudar os outros, talvez seja esse o propósito da vida."

John Basto

A vida nos é dada sem explicações e, exatamente da mesma maneira, nos será inexplicavelmente tirada de novo. Bilhões de seres humanos já viveram neste planeta e todos tiveram o mesmo destino. Eles nasceram, viveram e morreram.

Qual é a finalidade da vida, afinal de contas? A busca de respostas tem deixado muitas pessoas solitárias e confusas. A menos que encontremos uma resposta satisfatória, nós também nunca encontraremos a harmonia duradoura e a paz de espírito que tanto desejamos.

Então, qual é o sentido da vida?

Embora a pergunta seja quase impossível de responder, a natureza tem-nos dado uma importante "deixa": se a vida tem um sentido, então todas as vidas devem conter o mesmo traço comum que lhes assegura esse sentido. Se a vida humana tem um sentido, então deve ser possível encontrar esse sentido em todas as vidas humanas, não importa qual seja a situação.

Que traço comum é esse que dá sentido a todas as vidas humanas, independentemente das suas circunstâncias específicas? Que elemento comum todas as vidas humanas possuem, que falta aos outros seres vivos?

Esse elemento comum a todos os seres humanos é o mais prodigioso e inexplicável milagre do universo: o livre-arbítrio. Embora não escolhamos nascer, temos o poder de escolher o que faremos com o tempo que nos é concedido enquanto vivos.

O que é a vida senão o tempo que é concedido a cada um de nós, de modo a podermos decidir o que fazer com ele? Pense nisso. O que separa o milionário do pedinte, o criminoso do padre, o poeta do físico nuclear? É a maneira como decidem usar o tempo. São as escolhas que fazem.

A vida não tem um sentido próprio. O sentido da vida vem de nós e das nossas escolhas. Como uma peça de barro ou um pedaço de madeira, a vida é o que fizermos dela. É uma oportunidade, uma *chance*. A vida pode ser feliz, triste, interessante ou tediosa; apenas depende de nós.

Contudo, é claro que nós nunca temos controle sobre tudo aquilo que acontece na nossa vida. Certamente nunca temos todas as cartas. Mas cabe a nós decidir o que faremos com as cartas que *possuímos*, sejam elas boas ou más. Essa é a magia, o sentido e o mistério da vida.

Para dar sentido à nossa vida, devemos, no entanto, primeiro aprender a usar a nossa livre vontade com sabedoria. Somos os únicos que podem dar sentido à nossa vida, não os nossos pais, os nossos patrões, os nossos amigos, as nossas posses, as nossas circunstâncias, a nossa boa ou má sorte, os nossos clubes ou os nossos filhos. Se a nossa vida tem algum significado, temos de ser *nós* os serralheiros, os carpinteiros e os pedreiros deste significado. Se a nossa vida existe para ter sentido, esse sentido tem de vir apenas de nós.

Portanto, da próxima vez que quiser se queixar da vida, não despeje seus protestos aos céus e aos outros. Você, e só você, pode dar sentido à sua vida; você, e só você, é o responsável se a sua vida não tem sentido.

"Faça o que puder, com o que tiver, onde estiver."
THEODORE ROOSEVELT

3. CRIAR O SENTIDO DA VIDA

"Uma importante parte do que você é, é o que você quer ser."
AMY KAMPERT

O sentido da vida vem de nós, mas o que temos de fazer para criar esse sentido?

A vida é, de certa forma, como navegar em alto-mar. A menos que saibamos para onde queremos ir, a viagem parecerá sem sentido e os obstáculos insuperáveis.

Imagine um navio flutuando no meio do oceano sem um destino claro. Como você acha que a tripulação se sentiria? Bater-se contra as grandes vagas, os fortes ventos e a chuva certamente pareceria inútil. É claro que a tripulação se sentiria perdida, vazia e deprimida e começaria a questionar o que estavam fazendo a bordo daquele navio, não acha?

Um navio flutuando sem destino, ao acaso, no oceano, pode parecer uma situação improvável, mas a verdade é que muitas pessoas vivem a vida dessa maneira: sem saber para onde vão. Vivem sem um propósito e sem um plano claro.

Não admira que tantas pessoas estejam deprimidas, perdidas e confusas. Questionam-se se realmente vale a pena viver, uma vez que a vida é apenas uma sucessão de dificuldades, complicações e obstáculos.

Contudo, a única razão de essas pessoas se sentirem tão vazias e desmoralizadas é porque a vida delas está desprovida de objetivos claros e precisos.

Imagine como essas pessoas seriam diferentes se tivessem objetivos e soubessem exatamente para onde ir: as ondas, os ventos e as chuvas das suas vidas não as desencorajariam. Todos os obstáculos se transformariam em degraus a subir para alcançar seus objetivos, todos os desafios se tornariam parte de um todo maior.

"Temos de ter objetivos a longo prazo
para evitar as frustrações causadas por
fracassos a curto prazo."

BOB BALES

A DÁDIVA DA COMPREENSÃO

O que dá sentido aos acontecimentos da nossa vida não é o acaso ou o destino. O sentido vem dos nossos objetivos na vida.

A neve que o agricultor teme proporciona divertimento e excitação ao esquiador de fim de semana e um rendimento adicional à empresa que limpa as estradas da neve. O acidente que acarreta hospitalização e dor para o automobilista significa uma oportunidade de aprender para o estudante de medicina. O desastre financeiro de uma empresa é a alegria dos seus concorrentes. A guerra que o jovem soldado despreza é exatamente a mesma guerra que torna rica a empresa de armamento.

Os acontecimentos não têm nenhum significado independente. Seu sentido depende sempre da nossa perspectiva e dos nossos objetivos. Quanto mais importante e significativo o objetivo, mais relevante e significativo o acontecimento.

Portanto, para dar significado à nossa vida, devemos criar objetivos significativos.

Três pedreiros estavam construindo um muro. Um estranho passou por ali e perguntou ao primeiro dos três o que ele estava fazendo. O pedreiro ficou um bocado irritado pela evidência da pergunta, mas respondeu que estava construindo um muro. Então o estranho fez a mesma pergunta ao segundo pedreiro. O segundo pensou um bocado e respondeu que estava construindo uma casa. Finalmente, o estranho fez a mesma pergunta ao último pedreiro. O terceiro pedreiro sorriu e respondeu orgulhosamente que estava construindo uma casa para uma família sem abrigo.

Embora os três pedreiros estejam fazendo exatamente a mesma coisa, cada um interpreta o seu trabalho de um modo diferente, porque imagina um objetivo diferente.

Qual dos três pedreiros achará seu trabalho mais significativo? Qual trabalhará com mais afinco e se sentirá mais satisfeito com isso? O terceiro, é claro, aquele com o objetivo mais significativo.

"Obstáculos são aquelas coisas medonhas
que vemos quando afastamos os olhos do nosso objetivo."
HANNAH MORE

Para dar sentido à nossa vida, não é, todavia, suficiente criar objetivos significativos. Se quisermos que a nossa vida tenha sentido, é essencial que os objetivos que estabelecemos estejam também alinhados com a nossa percepção do que nos dá prazer.

Como vimos antes, se os nossos objetivos são poderosos mas não correspondem a algo de que verdadeiramente gostamos, nenhum nível de sucesso nos trará harmonia interior e uma sensação de realização. Para se beneficiar da Dádiva da Compreensão, devemos primeiro compreender a Dádiva do Prazer.

Que objetivos você almeja na vida? Você constrói muros ou palácios? A sua vida tem algum significado superior ou você luta simplesmente contra problemas e obstáculos? Você trabalha para a humanidade ou apenas para si mesmo?

A menos que tenha objetivos claros na vida, provavelmente acabará se sentindo vazio, desmotivado e deprimido. Além disso, se lhe faltam objetivos claros, falhará em reconhecer oportunidades porque sua atenção estará adormecida e indolente.

Não desperdice a sua vida. Descubra do que você gosta e crie a sua missão na vida.

4. COMPREENDER OS OUTROS

"Procurei a minha alma,
Mas minha alma não achei.
Procurei Deus,
Mas Deus não encontrei.
Procurei o meu irmão,
E descobri os três."

AUTOR DESCONHECIDO

Acreditamos que os seres humanos são as criaturas mais inteligentes do planeta. Mas, se somos tão espertos, por que fazemos coisas tão estúpidas e repreensíveis?

Será que damos importância demais à nossa inteligência e, assim, negligenciamos aquilo que verdadeiramente interessa? É o que parece.

Nós nos transformamos em gigantes intelectuais e em anões emocionais. Arrogantemente, cremos compreender como o mundo funciona; na realidade, compreendemos muito pouco, porque não compreendemos com o nosso coração.

Para compreender verdadeiramente, não é suficiente idealizarmos mentalmente uma coisa. *Para compreender verdadeiramente, temos de sentir primeiro.* Compreender é como construir um edifício em que os tijolos são feitos de conhecimento e a argamassa é feita de sentimentos. Os tijolos dão às paredes a sua forma, mas o edifício se desmoronará sem a argamassa que mantém os tijolos unidos. "Conhecimento" sem sentimento é como uma canção sem melodia, uma história sem enredo.

"Sabemos demasiado e sentimos muito pouco."

BERTRAND RUSSELL

É por isso que é tão difícil para um homem compreender o que é estar grávida, porque é tão difícil para uma pessoa que enxerga compreender realmente o que é ser cego, e porque nunca conseguimos realmente compreender o que significa ser discriminado, se não o formos. A menos que sintamos, não podemos compreender.

A DÁDIVA DA COMPREENSÃO

A maior dádiva que se pode dar aos entes queridos não é dinheiro ou posses, a maior dádiva que podemos lhes dar é a Dádiva da Compreensão.

Você quer saber o que deve ensinar aos seus filhos e o que as nossas escolas e universidades devem ensinar aos nossos jovens? Então continue a ler. Essa mensagem é para você.

"É apenas com o coração que uma pessoa vê bem;
O que é essencial é invisível a olho nu."

ANTOINE DE SAINT-EXUPÉRY

5. A BELEZA DENTRO DO MONSTRO

"A escuridão não pode expulsar a escuridão,
Somente a luz consegue fazer isso.
O ódio não pode expulsar o ódio,
Somente o amor consegue fazer isso."

DR. MARTIN LUTHER KING, JR.

Nosso mundo está cheio de violência, crime e ódio. A cada segundo que passa, alguém é ferido por outra pessoa. A cada momento, alguém comete um crime.

Como odiamos aqueles que estragam a nossa sociedade e ameaçam os nossos lares! Como condenamos suas vidas! Por isso nós os punimos e os trancamos em prisões. Nós os banimos e os perseguimos. No entanto, a quem estamos realmente castigando? A eles ou a nós mesmos?

Não é suficientemente claro que a violência nunca deterá a violência e que o ódio nunca bloqueará o ódio? Não é suficientemente claro que o nosso propósito não devia ser o de punir e perseguir, mas o de curar e de fazer o bem? Não é suficientemente claro que estamos apenas tratando das conseqüências em vez de tratarmos das causas? Não é suficientemente claro que os nossos esforços não só não são bem-sucedidos, como ainda por cima perpetuam precisamente o que queremos evitar?

Os delinqüentes de hoje não foram sempre transgressores da lei. Um dia foram crianças inocentes e com boas intenções, como nós. Infelizmente, a certa altura, no seu percurso de vida, não conseguiram lidar com as difíceis exigências da vida e tomaram um caminho errado.

Agora tornaram-se monstros — muitos, irreversivelmente. Mas pensem no quanto tudo isso poderia ter sido facilmente evitado; talvez por uma mão amiga, até um simples sorriso ou uma palavra bondosa. Seria preciso muito pouco para salvá-los enquanto eram pequenos e agora será necessário muito mais para impedi-los de fazer mal aos outros.

Não vemos o batalhão de pobres e sem abrigo às nossas portas e as massas de almas perdidas nas nossas escolas, igrejas e postos de trabalho? Não vemos que todos nós, como sociedade, pagaremos pelo nosso egoísmo, de uma maneira ou de outra? Podemos ignorar a dor e a miséria dos outros, mas elas não nos ignorarão.

Uma palavra amiga, há cinco anos, poderia ter evitado que um adulto cometesse um crime horrível, hoje. Se fôssemos um pouco mais solidários, um pouco mais compreensivos e um pouco mais tolerantes em relação aos outros, teríamos menos criminosos, pedintes e vigaristas.

Como é difícil transformar um monstro novamente num ser humano, mas como teria sido fácil evitar, em primeiro lugar, que essa criancinha se tornasse um monstro! É impossível transformar o mundo num só dia, mas podemos impedir nossos filhos, nossos doentes e nossos necessitados de se tornarem os monstros de amanhã.

"Tudo compreender é tudo perdoar."
MME. DE STAEL

Não estou propondo que você saia e abrace os assassinos, os estupradores e os assaltantes. Mas que ajude quem estiver fraco, necessitado ou perdido. Peço que pare a transformação de crianças e homens em monstros.

Proponho que, em vez de tão convenientemente responsabilizarmos nossos governos e nossas instituições pelo crime, pela violência e pelas realidades sociais, cada um de nós se interrogue sobre o que está fazendo para melhorar o mundo hoje. Em resumo, proponho que procuremos ajudar e compreender os outros mais com o nosso coração e menos com o nosso cérebro.

Quantas pessoas você realmente ajudou hoje? Quantos dos monstros de amanhã conseguiu parar?

"Compreender mas nada fazer significa não compreender."

Provérbio zen

DICA

Embora compreender lhe permita estar em paz consigo mesmo e com os outros, também traz vários outros desafios à sua vida. Compreender aumenta a sua responsabilidade em relação a si mesmo e aos outros, torna-o menos certo sobre as suas convicções anteriores, e o impede de gozar de muitas atividades nas quais pode ter-se empenhado antes. Por exemplo, depois de ter verdadeiramente compreendido a condição de uma minoria perseguida, já não poderá censurá-la, ignorar seu sofrimento ou contar piadas sobre ela.

Compreender exige confiança e força; continuar cego à compreensão protege-nos de ter de examinar as nossas crenças e ações. É por isso que tanta gente prefere continuar cega à compreensão.

PERGUNTAS E EXERCÍCIOS

1. Qual é a sua missão na vida?

2. O que você vai fazer hoje para dar sentido à sua vida?

3. Quem você vai ajudar hoje?

4. Como você reage normalmente às pessoas agressivas? Você procura ver a situação como uma oportunidade e compreendê-la ou simplesmente contra-ataca?

5. Pelo menos uma vez por semana, procure reservar algum tempo para conhecer e compreender alguém que você vê regularmente, mas que conhece apenas superficialmente. Escolha deliberadamente uma pessoa que ache superficial, chata, egoísta ou simplesmente maluca. Tente compreender realmente essa pessoa. Você ficará surpreso com a profundidade do seu ser. A prática regular desse exercício o tornará muito mais rico interiormente e dará um presente sem preço àqueles que o rodeiam.

CONCLUSÃO

Os seres humanos têm a capacidade única de compreender o mundo em que vivem. A mera posse dessa extraordinária capacidade não é, no entanto, bastante para atingir a paz interior. Para consegui-lo, devemos aprender a utilizar o poder de compreender.

A vida não tem um sentido independente, próprio. Se quisermos que a nossa vida tenha sentido, então nós mesmos temos de construir esse sentido. Esse é o primeiro e o mais importante passo para construir a vida dos nossos sonhos.

Para atingir a realização pessoal, devemos aprender a compreender os outros e a coexistir harmoniosamente com eles – o que, com freqüência, é uma tarefa difícil.

Compreender sem sentir é algo sem valor e inconseqüente. Portanto, a menos que primeiro compreendamos alguém com o nosso coração, não devemos julgar ninguém.

Uma vez que, verdadeiramente, compreendamos os outros, também compreenderemos que as pessoas não são intrinsecamente más. Elas *se tornam* más, por causa da fraqueza pessoal, da dureza da vida e da falta de apoio. Portanto, a melhor maneira de travar a violência dos outros não é contra-atacar, mas sim evitar que a dor transforme os necessitados e os fracos em "pessoas más".

Não podemos mudar o mundo num dia, mas se cada um de nós der sentido à sua própria vida e depois procurar verdadeiramente compreender os outros, o mundo se tornará gradualmente um lugar de amizade, harmonia e paz.

CONCLUSÃO

"Chegará o momento em que pensará
ter chegado ao fim. Esse será o princípio."

Louis L'Amour

Desde que iniciamos nossa caminhada juntos percorremos um longo caminho. Espero que você tenha ganho uma nova consciência das muitas e extraordinárias dádivas com que foi presenteado pela vida. Espero que se sinta agora uma pessoa mais rica, mais sábia e mais ativa e que compreenda que já possui tudo o que precisa para viver uma vida feliz e harmoniosa.

O que você enfrentará agora é um princípio, não um fim. Ter lido este livro o mudará muito pouco. Se não fizer nada agora acerca do que leu, dentro de um ano continuará a ser exatamente a mesma pessoa que era antes de pegar este livro.

A verdadeira mudança é um processo complexo que leva tempo e exige dedicação. Podemos mudar a nossa mente numa hora, mas pode levar anos antes que sejamos capazes de mudar o nosso coração e os nossos hábitos.

AS OITO DÁDIVAS ETERNAS DA VIDA

Sua maturidade e melhoria será muito similar à transformação de uma pequena semente numa árvore sólida e firme. Como essa semente, sua nova vida necessitará de constante cuidado, proteção e atenção, ou simplesmente murchará e morrerá.

Para que este livro tenha um valor verdadeiro, você terá de aplicar suas idéias no seu dia-a-dia e praticá-las regularmente. Para que ele o ajude a melhorar verdadeiramente, você deverá primeiro ajudar a si mesmo, revendo, com freqüência, seus pensamentos e ideais. A realização pessoal não é um objetivo a alcançar; é um hábito, uma prática regular. Lembre-se disso: poupar-lhe-á muito esforço e frustração desnecessários.

"O grande propósito da vida não é o conhecimento mas a ação."
THOMAS HENRY HUXLEY

Ao escolher o caminho do desenvolvimento pessoal, você está escolhendo uma estrada com mais altos e baixos, freqüentemente cheia de dúvidas e incertezas. No entanto, saiba que, ao fazê-lo, você também escolhe uma vida rica em aventura, descoberta, conhecimento e compreensão. A vida é uma mestra mais exigente para aqueles que exigem mais dela, mas também é uma amiga mais generosa.

Agarre a Dádiva do Dar e, com ela, torne-se mais generoso, tolerante e indulgente.

Abrace a Dádiva da Escolha e, inspirado pela abundância da vida, reveja as mais importantes decisões da sua vida e tenha a coragem de transformar todos os seus sonhos em realidade.

CONCLUSÃO

Agarre a Dádiva do Prazer e, com o seu entusiasmante encorajamento, encontre a energia e o ânimo para finalmente se transformar na pessoa que sempre quis ser.

Faça sua a Dádiva do Aqui e Agora e, com ela, encontre a paixão e a força para transformar cada dia num perfeito reflexo da sua vida, e transformar sua vida numa obra de arte.

Apodere-se da Dádiva do Amor e, com seu tremendo poder, rompa os grilhões que têm impedido sua liberdade e seu amor, de maneira a sentir novamente a maior força da vida.

Acalente a Dádiva da Morte, e com a ajuda da sua carinhosa proteção, descubra um novo sentido de segurança, gratidão e bem-estar na vida.

Aprenda com a Dádiva da Dor e, com a sua orientação paternal, dê mais direção, sabedoria e prazer à sua vida.

Finalmente, tome a Dádiva da Compreensão e, com a sua luz, construa uma catedral de felicidade, tolerância e compreensão para si mesmo e para toda a humanidade.

Agora vá. Vá para o mundo e seja uma luz para todos nós.

Impressão e Acabamento
FARBE DRUCK
gráfica e editora ltda.